현대차로
간
의사

현대차로 간 의사

초판 인쇄 2018년 7월 10일
초판 발행 2018년 7월 15일

지은이 김민섭
펴낸이 공홍
펴낸곳 케포이북스
  출판등록 제22-3210호
  주소 서울시 서초구 반포대로 14길 71, 302호
  전화 02-521-7840
  팩스 02-6442-7840
  전자우편 kephoibooks@naver.com

© 김민섭, 2018
ISBN 979-11-88708-01-7 03810
값 11,000원

이 책은 저작권법의 보호를 받는 저작물이므로 무단전재와 복제를 금하며,
이 책의 전부 또는 일부를 이용하려면
반드시 사전에 저작권자와 케포이북스의 동의를 받아야 합니다.

현대차로 간 의사

김민섭

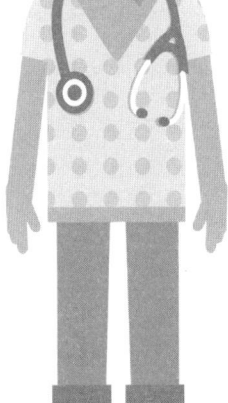

KEPHOI BOOKS

머리말

'현대자동차에 의사도 근무하나요?'

현대자동차에서 일한다고 하니 대뜸 상대방이 묻는 말이었다. 의사는 당연히 병원에서 일하는 줄 알았는데 의사라고 하는 내 직장이 현대자동차라니 의아스러웠나보다. 사실 일반인뿐만이 아니다. 동료 의사 지인들도 비슷한 반응을 보이기도 했다. '그런 데도 의사가 필요하냐'고 말이다. 그만큼 평범하지 않은 색다른 곳에서 일하게 되었고, 그런 예사롭지 않은 경력을 추가하게 되었다.

이 현대자동차에서 2016년 4월부터 2017년 4월까지 꼭 1년 일했다. 그동안 있었던 평범한 여느 다른 병원들과 달리 이곳은 존재의 이유에서부터 다른 곳이었고 그만큼 새롭고 강한 인상을 받았다. 그런 일련의 과정들을 글로 표현하게 되었다. 현대자동차에서 있었던 일들을 책으로 출간하게 되었다고 하면 뭔가 폭로할 거리가 있었냐고 묻는 지인들도 있었다. 명확히 말해두지만 부정한 일들을 목격하여 그것들을 알리기 위해 쓴 책이 아니다. 사실 그런 것들을 보거나 들은 적도 없거니와 내가 하는 업무는 그런 것들과는 전혀 무관했다.

게다가 현대자동차에 대한 내 감정은 상당히 좋은 편이다. 예전이나 지금이나 앞으로도 말이다.

단지 내 느낀 점들을 묘사해 본 책이다. 의사라는 1년 계약 전문직이라는 위치에서, 현대자동차의 내부를 제3자의 위치에서 보고 느꼈던 점들을 기록하고 출간한 책이다.

이 책은 오랜 기간 현대자동차에서 직원으로 혹은 협력회사 관계자들, 또 현대자동차에 흥미를 가지고 있는 사람들이 가벼운 마음으로 읽으면 어떨까 하는 바람이다. 배운 게 도둑질이라고 의사가 직업인 개인적 특징상 의학에 대한 내용도 상당히 나온다. 이 책을 읽는 독자들이 의학과 의료시스템 그리고 의사라는 직종을 조금이라도 이해하는 데 작은 도움이 되었으면 한다.

마지막으로 책을 퇴고하는 데 참여해주신 김동소 대구가톨릭대학교 국어국문학과 명예교수님, 현대자동차 울산공장 홍보팀 이정탁 과장님, 현대자동차 서라벌 지점 이창엽 지점장님, 경주지원 김봉남 판사님, 박대명 노무사님, 그리고 미천한 세 번째 책을 출간해 주신 케포이북스 공홍 대표님과 편집부에도 감사의 인사를 전한다.

2018년 7월
김민섭

차례

머리말 3

울산 현대자동차로 ——— 7
첫인상 ——— 12
나의 근무 환경 ——— 22
외래를 지키는 의사들 ——— 28
보안 ——— 35
의약 분업과 리베이트 ——— 41
출퇴근길 ——— 51
감기라는 병은 대체! ——— 57
현대자동차 노조에 대한 단상 ——— 66
독감 예방 접종 ——— 75
주식 이야기 ——— 79
진통제 ——— 89
보기 싫은 환자들 ——— 95
실랑이 1 ——— 104
설사라는 증상 ——— 111

명의가 되는 법 ──── 115
환자를 보내는 의사의 마음 ──── 119
실랑이 2 ──── 125
한약도 표준화가 되었으면 ──── 129
아이오닉 전기차 구매기 ──── 135
환자와 의사의 다른 관점 ──── 167
현대자동차를 떠나며 ──── 173
체불 임금 소송기 ──── 179

울산 현대자동차로

이곳, 나의 새로운 직장인 현대자동차 울산 공장에 다니게 된 계기는, 실업이라는 절박한 면이 없지 않았지만 그렇다고 가까운 지인이 추천해 주는 등의 뭔가 특별한 인연이 있었던 것도 아니었다.

개원의 생활을 청산한 후, 요양 병원에서 근무하다 퇴직한 시점이 3월 중순이었는데, 3월이라는 시기는 의사로서 새로운 일자리를 구하기 적절한 시점은 아니었다. 어느 직종이나 그렇듯이 의사들도 연말이 되면 뭔가 끝나는 느낌이 들고 연초에 새롭게 시작하는 연말 연시는 새로운 직장을 찾아 옮기는 시즌에 해당하는 때였고, 따라서 이를 갓 지나버린 3월 중순은 상대적인 비수기였다. 해마다 1월 초에는 전국의 의과 대학 졸업 예정자들이 의사국가고시를 치르고 2월 초에는 합격자들이 3천 명씩 쏟아지기에, 이 새내기 의사들, 즉 추가로 쏟아지는 수천 명의 의사들의 갈 곳들이 3월 전에는 대부분 정해지는 편이기도 하니 말이다.

　3월에 구직 활동을 하며 시간을 보냈지만 괜찮은 직장이 쉽게 구해지지는 않았다. 처음에는 사는 곳이 경주이니 경주만 찾았다. 운좋게 나온 구직처에 이력서를 넣고 면접을 봤지만 결과가 그다지 좋지 않았다.

　당시 우리 가족은 나와 공무원인 아내, 그리고 생후 6개월밖에 되지 않은 막내와 함께 세 아이가 있는 다둥이 집이었고, 친가와 처가 모두가 자동차로 한 시간 이상 떨어진 거리에 위치하고 있어 아이 봐줄 사람이 꼭 필요했는데, 이를 국가가 운영하는 아이돌보미센터의 도움을 받고 있었다. 돌보미로 오신 분은 나보다 5살 많은 아주머니였는데, 아침 8시 30분까지 우리집으로 와서 저녁 5시 30분까지 셋째를 돌봐주고, 첫째 녀석이 학교에서 돌아오거나 둘째가 어린이집에서 돌아오면 받아주고 하는 역할도 겸비한 상황이었다. 우리집은 경주 도심지 한복판이 아닌 교외에 더 가까운 단독 주택이었기에 교통편이 그리 좋지는 않았다. 당연히 사람 구하기도 힘들었고, 한번 구한 사람이 중간에 그만둘까 노심초사한 면도 없지 않았다. 이렇다 보니 나는 실직으로 시간은 많았지만 조만간 다른 직장을 구할 가능성이 낮지 않은 상황에서 어렵게 구한 돌보미를 내보내고 직접 아이들을 돌볼 수도 없었다.

　어떤 날은 돌보미 아주머니와 함께 온종일 집에서 같이 보내기도 했는데, 어쩔 수 없이 서로가 서로를 계속 신경쓰는, 그리 즐겁지 않은 분위기였다. 내 집에서 집주인인 나 자신도 이런데, 일하러 오신

분은 훨씬 더 힘들고 불편했을 것이다. 계속 집에서 시간을 보낼 수가 없었다. 그때 나는 인근 4년제 대학교 간호학과에서 주 4시간 외래 교수를 맡고 있어 할 일이 없지는 않았다. 평일 5일 중에서 2일은 강의가 있어 나가야 했고, 가끔 먼 거리의 다른 특강 자리도 있었는데, 이로 인해 그리 한가한 시간을 보내는 것만은 아니었다.

그렇지만 실직 기간이 길어지고, 스트레스도 커진 데다 그렇게 눈높이가 점점 낮아진 상황에서 경주 지역을 벗어난 인근 포항이나 울산, 영천, 경산 지역까지 구직의 눈길을 확대하던 참이었다.

울산 현대자동차에서 의사를 구한다는 광고를 보게 된 것도 그 무렵이었다. 연락을 하고 면접을 위해 직접 방문하게 되었다. 집에서 현대자동차 울산 공장까지 거리는 44킬로미터로 가깝지 않은 거리이고 가는 길은 7번 국도인데, 경주와 울산 구간은 전국에서 가장 교통량이 많은, 악성 체증으로 유명한 곳이기도 했다. 자동차로 가면 1시간 20분은 족히 걸리는 거리인데, 매일 출퇴근을 한다니, 게다가 급여도 상대적으로 많지 않았고, 외래 위주의 근무로 인해 시간도 철저히 지켜야 하는 곳이었다.

다만 어렸을 때부터 현대 그룹과 창업자 정주영에 대한 워낙 긍정적인 이미지를 가지고 있는 데다, 공중보건의 시절 1년간 살았던 울산에 대한 좋았던 추억들이 있다. 또 지금까지는 혼자서만 근무하는 직장에서 주로 있었기에 근로자 수가 4만 명에 육박하는, 우리나라 단일 사업장으로는 전국 최대 규모라는 울산 현대자동차에 근무하며 다양한 사람들, 특히 대학생들이 가장 가고 싶어하는 직장 1위라는 곳에서 근무하는 우수한 젊은 인재들과 만나 보고 싶은 생각이 들기도 했다.

머리보다는 가슴이 더 설득력이 큰 편일까? 인터넷 위성 지도로 현대자동차까지의 거리를 정확하게 보니 생각했던 것보다는 그리 멀어 보이지 않았다. 현대자동차에 초등학교 동창 친구가 생산직에 근무한다는 사실도 내 마음을 끄는 데 적잖은 작용을 했다.

면접을 보고 다음 주부터 출근하라는 통보를 받았을 때에는 무척 기뻤다. 그런데 정식 근무 시간은 아침 8시부터 오후 5시까지이지만 7시 30분까지 출근해서 의사들끼리 티타임을 갖는다는 것은 부담이었다. 게다가 너무 이른 시간에 남편이 출근하는 것을 아내가 싫어한다는 단점도 있었다. 그래도 그동안의 반백수 생활을 청산하고 새로운 직장에 나간다는 것, 더욱이 뜻하지 않게 대기업에서 일할 기회라는 생각에 설레고 뿌듯했다.

첫 출근일인 2016년 4월 18일, 7시 30분까지 가기 위해서 6시 20분에 집을 나섰다. 그 전에 두어 번 집에서 현대자동차까지 시험 삼아 오간 적이 있지만 평일 출퇴근 시간은 처음이었다. 과연 먼 길이다. 시외로 출근하는 이 길이 고속도로 같이 좋은 도로도 아닌, 신호등도 많고, 통행량도 많은 데다, 트럭이나 포크레인과 같은 저속 대형 차량이 많은 도로였기에 운전하는 상황이 그리 편하지 않았다. 그렇지만 20년 만에 다시 들어보는 라디오 프로그램 〈굿모닝 팝스〉는 진행자는 바뀌었지만 여전히 반가웠고, 신선한 아침 공기를 마시는 것도 나름 괜찮았기에 위안이 되었다.

처음 출근해서 곧장 현장으로 투입되지는 않았고, 일주일 정도 시간을 두고 이 곳 분위기를 익히는 약간의 수습 기간이 끝난 후 드디어 현대자동차 직원으로서 본격적인 생활이 시작되었다.

첫인상

지금껏 몸담았던 다른 직장들과는 확실히 차별성이 있었다. 현대자동차 울산 공장은 규모부터 상당히 컸다. 거기서 일하는 정규직 근로자만 3만 6천 명이고, 부지 면적이 대략 5제곱킬로미터나 되는 초대규모 사업장이다. 근로자가 3만 6천 명이라는 숫자는 내가 살고 있는 경주에서 가장 많은 직장인들이 있는 경주 시청의 공무원 직원 수 1천 700명보다 무려 20배 이상 많은 숫자다. 사실 협력 회사나 방문자를 합하면 능히 5만 명을 넘는데, 이 숫자는 우리나라의 행정구역상 읍 단위가 시 단위로 승격되는 규모인 셈이니, 현대자동차 울산 공장의 크기가 하나의 도시와 맞먹는다는 의미기도 하다.

5제곱킬로미터는 5백만 제곱미터이고, 이를 평으로 환산하면 150만 평 정도이다. 그 넓이는 대구광역시 중구 크기와도 비슷하니 공장 하나가 기초 지자체와 비교해도 될 정도 규모인 셈이다. 실제로 공장

남북의 가장 긴 길이는 5킬로미터 정도이니 공장 안에서 걸어서 이동하는 것은 거의 불가능했다. 800명이 동시에 식사할 수 있는 식당(누가 보더라도 아주 넓은 식당이라 느끼는 규모)이 공장 내에 24군데나 있고 내부 도로 또한 2차선, 4차선, 6차선 등 다양했다. 4차선 도로에는 시속 60킬로미터까지 속도를 내는 것도 충분히 가능하지만 안전을 위해서 공장 내부에는 시속 40킬로미터의 속도 제한이 있는, 현대자동차 울산 공장은 광활하다고 표현할 만한 사업장이다.

자동차 공장이니 자동차를 만드는 것만 있으리라 짐작하지만 실제는 모든 방면의 제도와 인력들이 배치되어 있는 것 같다. 나처럼 의사도, 경찰차와 경찰관도 있고 사내 방송을 위해 PD와 아나운서, 작가 등 방송 관계자도 있으니 말이다. 혹시 직원들 중에서 뭔가 잘못을 저질렀을 때 일시적으로 구속시키는 유치장이나 구치소는 없을까 하는 생각이 들 정도였다(하지만 그런 시설이나 인력은 없다. 아무리 큰 사업장이라도 구금이나 구속이라는 개인의 신체의 자유를 침해할 권리는 없는 것이 당연할 테니 말이다).

공장 내부는 근로자나 협력 회사 관계자 외에는 아무나 출입할 수 없는 곳이다. 만약 방문자 자격으로 내부 출입을 하려면 엄격하고 철저한 과정을 거쳐야 한다. 차들이 드나들 수 있는 출입문은 모두 6개이고, 사람이나 자전거가 오갈 수 있는 곳은 아마 10여 군데 이상인데, 경호원들이 24시간 엄격히 통제한다. 직원들은 반드시 사원증을 보이고 오가는데, 잠시 점심 시간을 이용해 외출할 때도 마찬가지다.

공장 안에서는 무수히 많은 대형 트럭이 오간다. 1톤, 5톤 등 작은 트럭들도 많지만 주로 컨테이너를 싣는 초대형 트럭들이 움직인다. 잘은 모르지만 자동차 공장의 특징상 최종 생산물인 완성차는 수많은 협력 회사로부터 부품 조달을 받아 조립하는 것일 테니 물류가 상당히 중요하고 당연히 트럭들이 많을 수밖에.

그래서인지 도로도 꽤 넓은 편이다. 가장 큰 출입문인 명촌문 앞에는 8차선은 충분히 될 듯한 도로가 이 거대한 물류 도구들을 맞이한다. 공장이 돌아가는 가장 큰 핵심이 트럭이니 내부 도로는 보통 도로와는 사뭇 다른 모습들을 보이기도 한다. 트럭들은 도로의 1차선을 당당히 차지하고, 승용차나 일반차들은 주로 2차선을 이용해야 한다. 도로에도 이동 운반차 우선이라는 표지판이 간간히 눈에 띄기도 한다. 내부 도로에도 엄연히 신호등이 있는데, 만약 지키지 않으면 어디서 나올지 모르는 내부 경찰차들에 의해 단속을 당하기도 한다. 내부의 신호등을 처음 봤을 때는 느낌이 새로웠다. 공장 내부에 신호등이 있다니. 저 신호등은 지자체나 국가가 관리하는 걸까? 그럴 리가 없고 이것도 현대자동차에서 관리하는 것일 거다. 그도 그렇지만 신호등 바로 위에 붙은 '신호를 지키시오'라는 안내판도 신선했다. 아마 공장 내부 신호등이라 초기에는 이를 무시하는 운전자들도 제법 있었나 보다.

속도 위반이나 주차 위반, 신호 위반 등은 일일이 제지당한다. 감시 카메라도 곳곳에 있는데, 어느 날은, 감시 카메라에 걸렸으니 앞으로 주의하라는 정중한 표현이지만 다소 엄격하고 위협적인 문자 메시지가 오기도 했다. 시간과 위반 속도, 장소까지 정확히 말이다.

공장에는 순환 버스가 주기적으로 다닌다. 곳곳에 버스 정류장이 있고, 시골에서나 볼 수 있는 넓은 승객 대기실과 의자까지 만들어져 있다. 직원들은 공장에 자가용 자동차를 가지고 올 수가 없다. 부장급 이상만 자기 차를 가지고 온다고 하는데, 하긴 그 많은 직원들이 전부다 차를 가지고 오면 주차는 어디서 할까? 그러니 순환 버스가 다닐 수밖에.

내 직급은 과장이다. 부장급부터 차를 가져 올 수 있으니 나는 차량 반입이 불가능한데 업무가 순회 근무이기에 특별히 반입이 가능해진 것 같기도 하다. 그런데 개인차를 반입하려면 조건이 뒤따르는데, 30세 이상 모든 사람들이 운전해도 보험 적용이 가능하도록 해야 한다는 거다. 그 의미는 공장 내부의 차 운행권은 차 주인뿐만 아니라 직원 모두가 동등히 가지고 있다는 뜻이 아닐까? 그다지 친하지 않은 직원이 나보고 차를 좀 빌려달라고 한 적도 있는데, 아마 같은 맥락이겠지. 그래서일까? 도로가에는 손을 들고 차를 얻어타려는 히치하이킹이 상당히 보편화된 듯 보였다. 특히나 근무 시간 외 점심 시간이나 퇴근 시간 무렵에는 공장 내부 도로에서 손을 흔드는 사람들이 제법 보였다. 일반도로에서 저렇게 손을 든다고 태워주는 것은 거의 없을 텐데, 그렇게 몇몇 모르는 사람들을 태워주기도 하고, 나 역시도 다른 사람의 차를 얻어 타기도 했다.

이곳 근로자들은 2교대를 한다. 몇 년 전까지만 해도 2교대로 24시간 근무 체계였다는데, 이제는 1조와 2조로 나누어 1조는 아침 6시 30분부터 오후 3시 30분까지 점심 시간 1시간을 제외한 8시간 근무, 2조는 오후 3시 30분부터 밤 12시 30분까지 저녁 시간 1시간을 제외한 8시간 근무로 바꿨단다. 24시간 맞교대를 할 때는 야간 근무를 하고 나면 추가 수당도 받고 다음 날 쉬는 시간이 제법 길어 좋았는데, 그게 사라져서 살짝 아쉽다는 근로자도 있었고, 그래도 밤에는 어느 정도 휴식을 취하는 것 같아 더 나아졌다는 사람들도 있는 것 같았다(24시간 맞교대를 아침 저녁 2교대로 바꾸고 나서 가장 큰 불만을 호소하는 사람들은 직원들보다 주위에서 식당 등 직원들을 상대로 하는 자영업자들인 것 같았다. 2교대 체계로 바뀌면서 매출이 급감했고 실제로 문 닫는 가게도 많다고 들었다).

그런 시스템이다 보니 점심 시간은 오전 10시 30분부터 11시 30분까지, 저녁시간은 저녁 7시 30분부터 8시 30분까지이다(워낙 직원이 많아 점심 시간도 부서별로 약간씩 차이가 있는 듯했다. 내가 근무했던 강남과 강북 의무실 주변 근로자들의 점심 시간은 10시 30분부터 시작했지만 11시부터 점심 시간이 시작되는 직원들도 상당히 많은 듯했다). 많은 직원들이 현장직이고 모든 시스템을 현장 위주로 돌리다 보니 나처럼 일반 직원들도 점심 시간은 11시부터 시작한다. 일반직들의 출퇴근 시간은 오전 8시부터 오후 5시까지이니 점심 시간이 11시인 것이 그리 특별히 빠르다고는 생각하지 않지만 그래도 가만 보니 태어나서 11시에 점심을 먹는 것은 처음이 아닐까 싶어진다. 대학생 때 학교 구내식당 점심 시간이 11시 40분부터 시작이었지만 3교시가 마치는 시간이 11시 20분이었기에, 워낙 많은 학생들이 11시 20분부터 식당에 미리 가서 줄을 서니 어쩔 수 없이 그 시간에 점심을 주기도 했지만 그보다 더 빠른 11시에 점심 먹는 것은 처음이었다. 주변 지인들은 그건 점심이 아니고 브런치가 틀림없다고 신기해하기도 했다.

현대 기아 자동차 그룹은 연간 800만 대를 생산하는 글로벌 탑 5 자동차 그룹이다. 전 세계 10개국에 35개의 생산 공장을 보유하고 있으며 200여 국가에 700만 대를 생산·수출하며 총 직원 수는 26만 명을 넘는 엄청난 규모다. 매출액과 순이익도 가히 대단한 규모를 자랑하는데, 그래서일까? 공장 내부의 인상은 어디서나 물자가 풍요롭고 넘쳐나는 듯했다.

산업보건센터에는 의사들이 모두 8명이 근무하지만 나는 그곳이 아닌 강남과 강북 의무실이라는 두 군데를 순회 근무하는 업무였다. 하루를 오전과 오후로 나누어 강남과 강북 의무실을 순회하는데, 이런 시스템 역시도 처음 보는 특출한 광경이었다. 사실 우리나라는 인력은 어디라도 넘쳐흐르지만 상대적으로 물자가 부족한 국가가 아닌가? 군대 같은 곳에서는 탱크 같은 물자 하나를 두고 많은 조종사들이 동시에 훈련받는 그런 이미지를 가진 나라인데, 이곳은 진료할 수 있는 공간이 두 군데이고 그곳을 한 명의 의사가 동시에 맡는다는 우리의 전통적 인식과는 상반되는 상황인 셈이다.

어딜 가다라도 컴퓨터의 모니터는 두 개였다. 넓게 사용해서 두 배로 열심히 일하라는 의미일까? 모니터는 비록 한 개지만 성과는 두 배로 하라는 곳은 봤지만 이곳은 과히 넉넉한 인심이다. 덕분에 인터넷 위성지도 보는 것을 좋아하는 나로서는 뜨문뜨문 상당히 편리하게 2대의 모니터를 사용했다.

공장 곳곳에 위치해 있는 화장실은 굉장히 넓고 깨끗했다. 비치된 화장지는 집에서 쓰는 것보다 틀림없이 더 고급인 것 같았다. 두 겹도 아닌 세 겹이라는데, 사용해 보니 역시 두껍고 좋았다. 특히 화장실 복지가 참 좋았는데, 항상 문을 열어둬야 하는 화장실이지만 여름에는 온종일 에어컨이 가동되고 겨울에도 난방기가 내부 온도를 높여주고 있었다. 세면대는 여름, 겨울 구분하지 않고 뜨거운 물이 특급 호텔보다도 더 잘 나왔다. 상식적으로 수도 꼭지 밸브를 온수 쪽으로 돌려서 틀면 아무래도 약간의 시간이 걸린 후 따뜻한 물이 나오는데, 이곳은 좀 달랐다. 틀자마자 따뜻한 물도 아닌 뜨거운 물이, 말 그대로 즉각 펑펑 쏟아져 나오기에 수도 꼭지 밸브를 온수 쪽 끝에 놓고 물을 틀다가는 자칫 손을 델 수도 있는 지경이었다. 겨울철 공장 내 어느 화장실의 세면대를 보아도 수도 꼭지 밸브는 온수와 냉수의 중간에 있었는데, 조금이라도 온수 쪽으로 더 치우치면 너무 뜨거운 물이 나오니 그런 이유로 만들어진 풍경이 아닐까 짐작한다.

좌변기는 모두 신식이었고, 칸칸마다 엄청난 양의 휴지들이 넘쳐났다. 비데를 설치한 좌변기도 무척 많은 데다, 비데가 없어도 겨울에는 변기에 앉으면 자동으로 따뜻해지는 기능이 있었다. 세면대 옆에는 비누는 물론이고 손닦기용 티슈와 로션과 스킨까지 비치되어 있었다. 곳간에서 인심난다고, 누구나 이용할 수밖에 없는 화장실의 물자가 풍부하니 현대자동차의 전체 인상도 참 너그럽고 여유있어 보였다.

점심 시간 식당의 풍경은 또 다른 느낌이다. 사람들이 수저를 들고 기다리는 줄이 50미터까지 늘어지기도 하는데, 그래도 그 기다림이 그리 지루하지는 않다. 식당 직원들의 엄청난 손놀림으로 기껏해야 5분이면 대기 시간이 끝나고 밥을 받는데, 배급하는 식사량이 굉장히 많은 편이다. 대부분이 남자고 육체적 노동을 하는 사람들이라 양이 많을 수도 있겠는데, 나 역시도 키 181센티미터, 몸무게 80킬로그램의 체격도 체격이지만 소식과는 거리가 먼 사람이어서 어느 식당에 가더라도 주는 대로만 먹으면 모자란다고 느끼지만 이곳에서 주는 식사량은 내게도 충분한 양이었다. 반찬은 항상 4찬 이상이고 질도 참 높다. 매일 두 가지 종류의 메뉴가 나오고 그 중 택일해서 먹는데, 수요일은 분식이 나오고, 목요일은 특식이 나온다. 분식이라면 라면, 국수, 짜장면, 짬뽕, 스파게티 등이 김밥이나 유부초밥, 만두, 순대 등과 함께 나오고, 특식은 닭고기나 모듬 튀김, 갈비탕, 삼겹살, 수육 등 평소보다 더 고급스러운 음식들이 나오는데, 지금까지 먹어본 그 어느 곳의 식당보다 맛있었다.

직원들에 대한 복지도 굉장하다. 근무복과 작업복을 동복과 하복으로 나누어 무료 지급한다. 잠바와 바지인데, 디자인이나 품질이 제법 괜찮았다. 잠바는 현대자동차 로고가 왼쪽 가슴 한복판에 너무 크게 그려져 있어 직장 밖에서 입기가 약간 어려울 수도 있지만 바지는 곤색의 평범한 면바지여서 어디서 입어도 괜찮을 만한 개인 의복이 되었다. 2년마다 재지급이 원칙이고, 만약 아직 상태가 좋아서 더 받을 필요가 없다면 로션이나 비누 세트로 바꿔 지급된단다. 현장직에는 고급 등산화처럼 생긴 작업화도 지급한다는데, 속칭 무좀 신발이란다. 통풍이 잘 되지 않는다고 해서 생긴 별칭인데, 그래도 나 같은 일반직은 이를 얻지 못해 살짝 아쉽고 또 부럽기도 했다.

점심 시간이 너무 빨라서일까? 오후에는 간식을 제공하기도 한다. 안 먹는 사람이 많아 쌓아두다 버리는 일들이 비일비재해서 전 직원에게 주지는 않지만, 혹서기에는 모두에게 하루에 한 개씩 아이스크림을 지급했다. 아이스크림은 냉동실에 넣어 두면 유효 기간 자체가 없으니 썩어서 버리는 일은 없을 터여서 계속 유지되는 것인지도 모르겠다. 실제로 혹서기에만 지급되는 아이스크림이지만 9월은 물론이고 10월까지도 충분히 먹고 싶을 때 먹을 수 있었다. 혹서기 때 직원들이 매일 하나씩 아이스크림을 먹는 것은 아니니 말이다. 저렇게 지급되는 아이스크림 값도 지급 대상이 3만 6천 명이니 비용이 어마어마할 것이다. 대충 계산해도 한여름 내내 지급되는 아이스크림 비용이 10억 원은 족히 되는 것 같았다. 대단하다는 표현이 절로 나올 수밖에 없다.

진료실 대기실에는 한눈에 봐도 참 좋아 보이는 정수기가 비치되어 있다. 직원에게 물어보니 필터를 주기적으로 교환해주는 그야말로 제대로 된 정수기라고 한다. 매일 집에서 마실 물을 가지고 다녔는데, 이곳에서는 그럴 필요가 없었다. 집에서 가져가는 물보다 더 청결한 듯 보였으니까. 울산 공장에 새로 지은 산업보건센터 건물은 크고 화려했다. 외장은 대리석으로 내부 인테리어도 더 이상 좋을 수가 없을 정도로 깔끔하고 좋았다. 높은 천장과 넓은 진료실도 무척 인상적이었는데, 과연 대기업의 힘이 이런 것일까? 이곳에서 근무를 시작

하자마자 직원 번호를 발급받고 사원증을 건네준 사람이 내게
 "축하합니다."
하며 악수를 청하기도 했는데 스스로 이 직장에 대한 자부심을 느끼는 것처럼 보였다. 삼성맨, 현대맨이라는 말도 괜히 만들어지는 것이 아니겠지.

나의 근무 환경

현대자동차 울산 공장 산업보건센터에는 의사가 8명이 소속되어 있고, 그 밖에 간호사나 물리치료사 등 의료진과 다른 행정 직원들까지 총 100여 명이 근무하는 곳이다. 하는 업무는 공장 직원들의 진료와 검진이다. 검진은 2층, 진료는 1층인데, 2층에 근무하는 의사는 모두 3명, 1층에서 진료를 담당하는 의사는 모두 4명이다. 나는 이런 산업보건센터에서 근무하지 않고 각각 3킬로미터 정도 떨어진 강남과 강북 의무실을 오전, 오후와 월, 수, 금과 화, 목으로 나누어 혼자 따로 근무한다.

공장 전체가 워낙 크다 보니 진료를 보기 위해서 전체 직원들이 산업보건센터가 있는 곳으로 이동하기가 어려웠을 테고, 그러다 보니 본사와 지사처럼 산업보건센터에서 멀리 떨어진 곳에 따로 작은 의무실을 만들게 되었는데, 마침 공장 내부를 흐르는 하천이 있어 강남과 강북으로 이름지어 부르고 있었다(그런데, 실제 강남 혹은 강북 의무실이라는 간판은 전혀 없이 현장에는 의무실이라고만 적어놓았기에, 현장직 근로자들은 아무도 강남이나 강북이라는 명칭은 모르고 있었다).

진료는 그다지 어렵지 않았다. 공장 안에 있다는 특성상 환자군들도 매우 단순할 수밖에 없는데, 80퍼센트의 환자들이 40~50대 남자였고, 전체 환자의 70퍼센트는 단순 감기였다. 복통이나 배탈, 두드러기, 두통이 나머지 환자군이었으니 이곳에서 내가 하는 업무는 순전한 1차 진료였다.

제공되는 의료 기기는 청진기와 체온기, 이경, 설압자 정도에 불과했고, 진단을 위한 병원급의 각종 검사나 촬영기는 사용하지 않는 평범한 수준이었다. 다만 찾아오는 환자들의 수가 무지막지하게 많은 편이었는데, 산업보건센터에서 있는 하루 최소 100명의 환자들이 온 것 같다. 예전 개원의 시절 가장 많은 환자를 본 날이 129명으로 기억한다. 10년이 거의 다 됐지만 아직도 그 숫자가 기억나는 이유는 환자를 많이 보면 볼수록 수입도 늘어나는 개원의의 특징 때문이기도 한데 여기서는 환자를 적게 보나 많이 보나 급여가 전혀 달라지지 않는 봉직의의 한계상 상당히 많은 환자가 오는 상황에 무척이나 놀랐고 처음에는 참 힘들기도 했다.

대부분의 환자들이 비슷한 작업복에 비슷한 연령대의 남자들이고, 그들이 오는 이유도 대부분 감기로 100여 명의 환자들을 대하다 보니 가끔은 좀 지겹게 느껴지기도 했다. 현대자동차로 가기 전 3년은 요양 병원에서 근무하고 외래보다는 병동 환자를 돌보는 일만 했던 나로서는 하루에 100명씩 밀어닥치는 다 똑같이 생긴 듯한 환자 모습에 업무 강도가 상당히 높게 느껴지기도 했다.

한 주가 지나고 내 자리를 찾아 본격적인 업무가 시작된 강남과 강북 의무실에서는 환자가 그렇게 많이 오지는 않았다. 뭐든지 상대적이다. 산업보건센터에서 100명씩 보다가 의무실에는 40~50명으로 절반 수준으로 떨어져 버리니 며칠간은 참 편했다.

입사한 첫날 사실 큰 기대를 안고 출근했다. 의사들의 근무 여건상 어쩔 수 없기도 하지만 그동안 친하게 지낼 만한 동료가 별로 없는 병원에서 근무해서 친한 직장 동료를 갈구해 오다가, 근로자 수가 수만 명씩 되는 대규모 사업장인 데다 의사만 해도 8명이나 되는 곳을 새 직장으로 삼게 되었기에, 괜찮은 사람이 보이면 말도 한번 걸어보면서 좀 친하게 지내고 싶은 마음이 굴뚝같았다(종합병원이 아닌 준종합병원급에서 근무하는 의사들의 수는 그다지 많지 않다. 게다가 짧으면 1년, 길어도 2~3년이면 나가고 새로운 사람들이 들어오는 직종이어서 사실 마음에 잘 맞는 동료 의사를 만나는 것이 그리 녹록지 않은 게 현실이다).

기대가 너무 컸을까? 첫날 점심 시간에 의사들끼리 모두 모여 밥을 먹게 되었는데 그때가 이곳의 다른 의사들을 모두 한자리에서 만나 마주하게 된 시간이었다. 면접 때부터 만났고 나를 가이드해주는 의국장급 의사가 나를 기존의 의사들에게 소개시켜 줬다. 아직도 전혀 잊혀지지 않는 강한 느낌을 그때 받았을까? 그 사람들은 나라는 새로운 사람이 왔다는 기대감이나 흥분감은 눈곱만치도 보이지 않은 채, 오히려 '인사라는 하기 싫은 행위를 내가 또 해야 하나?'처럼 새로운 사람이 오게 되었다는 이 상황이 귀찮을 뿐이라는 냉소적인 표정들이었다.

예상하지 못한 그런 상황에 나 역시도 그만 얼어붙다시피 하면서 겨우 '안녕하세요'라는 짧은 인사말을 던질 뿐이었다. '뭐지 이건? 새 사람이 왔는데, 어쩜 다들 저렇게 표정 하나 변하지 않고 아무 일도 없다는 듯이 행동하는 걸까? 반가운 마음이 조금도 없는 걸까?'

순진한 옛 기억일까? 학창 시절 새로운 학생이 전학 오면 어디서 왔는지, 어디 사는지 그런 것들을 묻고, 어떻게 이곳으로 오게 되었는지 행여나 궁금하지 않더라도 예의상 말을 걸어보기도 한다. 그런데 고작 8명뿐인 의사들 사이에 새로운 동료가 왔는데 호의적인 모습을 보이는 사람이 전혀 없다니, 참 이상하고 어리둥절한 느낌마저 들었다. 시간이 지나면 좀 나아지겠지, 무슨 상황인지 좀 더 지켜봐야겠다는 생각으로 스스로를 위로했지만, 아쉬움은 어쩔 수 없었다. 이 상황을 지인 의사에게 말해 주니 돌아온 대답이 참 가관이다.

"너도 알다시피 의사들이 사회성이 엄청나게 떨어지잖아. 잘 알고 친한 사람에게만 말하고 그러지, 같은 직장 동료라 하더라도 처음 보는 사람에게 그렇게 싹싹하게 말 걸고 그러는 사람이 어디 그리 흔하냐? 내가 전에 개인 병원에서 부원장으로 일할 때 그 병원 원장님이 나한테 그러더라. 부원장이라고 뽑아서 같이 밥 먹자고 해서 한 자리에 앉으면 밥 먹는 내내 자기 밥그릇만 쳐다보면서 두 입술은 숟가락 들어갈 때만 떼지, 처음부터 끝까지 한 마디도 않고 가만히 있다고. 이런 집단이 의사니 사실 뭐 말 다했지."

그래 그렇지. 가장 사회성 떨어지는 집단이 바로 내가 속해 있는 이 의사 집단이겠지. 그러니 새 사람이 와도 모른 척하는 것은 당연할지도 모르겠고, 그래 뭐 내가 이해하자.

월, 수, 금요일 오전은 강남 의무실에서 진료하고, 화, 목요일 오전은 강북 의무실에서 환자들을 대했다. 오후는 반대였는데, 이러다 보니 내가 언제 어디서 일하게 되는지 나 자신도 조금씩 헷갈리기도 했다. 무엇보다도 직장의 내 자리가 한 개가 아닌 두 개인지라 가운이나 슬리퍼 같은 개인용품도 두 개씩 필요했고, 내 물건, 특히 컴퓨터에 저장된 개인 자료가 강남에 있는지 강북에 있는지 헷갈리는 때가 무척 많았다.

강북보다 강남 의무실이 훨씬 넓고 깨끗하고 시설도 좋았던 데다, 위치한 곳이 많은 근로자들이 오고가는 버스 정거장 주변이어서 환자가 훨씬 많았는데 오히려 강북에 머무르는 시간이 더 길었다. 오전 오후로 정확히 나누어져 있었지만 오전은 8시부터 11시까지고 오후는 12시부터 5시까지라, 오전은 3시간이고 오후는 5시간이기에 월, 수, 금요일 오후 시간을 강북에서 보내니 자연히 강북에 머무르는 시간이 더 길었다. 이런 환경에서 강남 의무실에 개인용품 대부분을 옮겨놓았는데, 결과적으로 낭패였다. 환자도 적고 근무 시간도 더 긴 강북 의무실에서 개인용품 사용할 시간이 훨씬 더 길고 많았으니까.

환자의 대부분이 감기였는데, 날씨가 점점 따뜻해지는 오뉴월로 접어들면서 자연히 환자 수가 뚝 끊겼다. 4월에는 하루 평균 환자 수가 40~50명이었는데, 6월에는 20명대로 떨어졌다. 게다가 여름이 되면서 본격적인 임금 협상이 진행되고 노조에서는 자신들의 요구안이 빨리 이뤄지지 않으니 부분 파업으로 맞서기도 했는데, 그 덕분에 의무실을 찾는 환자 수도 10명대까지 줄어드는 날도 종종 있었다.

환자를 보는 데는 시간이 그리 많이 걸리지 않는다. 미국의 초진 환자는 1시간 진료가 원칙이라고 하는데, 과연 그 진료 광경을 솔직히 의사인 내 입장에서도 구경해보고 싶어지기도 한다. 1시간 동안 환자를 붙들고 도대체 뭘 하는지 말이다(잘 모르기는 하지만 1시간의 초진 진료 시간 중에는 틀림없이 각종 검사를 위한 대기 시간도 많이 들어있으리라). 성미 급한 우리나라, 특히 경상도에서 감기로 약 타러 온 환자에게 의사가 문진한답시고 과거력, 가족력을 꼬치꼬치 물어가며 증상과 약에 대해 설명하느라 10분을 넘기면 환자에게 욕지거리는 물론 멱살이라도 잡힐지도 모르겠다.

그런 우리 의료 현실 속에서 하루 10명 정도의 환자를 보는 데 걸리는 시간은 하루 근무 8시간 중에서 매우 적은 비율임에는 틀림없다. 그야말로 개인 시간이 굉장히 많은 그런 나날들이 생겼고 그만큼 독서와 사색의 시간이 많이 생겨난 때였다.

외래를 지키는 의사들

의사도 하는 역할에 따라 다양한 일들을 한다. 보통 의사라고 하면 뭐가 떠오를까? 이것저것 많겠지만 그중에서도 아마 수술이 가장 대표적이다. 전쟁터같이 촌각을 다투는 위급한 곳에 있는 응급 환자, 출혈이 울컥울컥 일어나는 심한 부상 속에서 의식은 사라진 지 오래이고, 제대로 숨이라도 쉬고 있는지 의심스러운 그런 환자를 냉철한 이성과 철저한 훈련으로 머리부터 발끝까지 꽁꽁 무장한 닥터 K 같은 의사가 멋지게 살려내고, 환자 보호자들로부터 눈물과 정성이 어린 보답을, 당연히 그렇지만 정중히 거절하는 그런 멋있는 직업군이 의사의 대표적인 이미지일까?

의대 진학하기도 훨씬 전 고등학교 1학년 때, 미술 선생님이 했던 말씀이 생각난다.

"수술은 외과 의사가 하지, 내과 의사가 수술하는 거 봤나?"

'의사=수술'의 공식이 언제부터인지 몰라도 내 머릿속을 자리잡고 있던 그 시절, 내과 의사, 외과 의사의 구분도 전혀 없었지만, 수술을 하지 않는 의사도 있구나 하는 사실에 충격 아닌 충격을 살짝 받기도 했었다.

우리나라의 의사 수는 대략 12만 명 정도다. 전체 인구가 5천만 명이니 퍼센트로 치면 0.2퍼센트 정도가 의사인 셈이다. 전교생이 300명 정도라면 그중 한 명 정도 아이의 아버지가 의사라고 생각해도 되려나? 그 정도로 일상 생활 속에서 병원 외의 장소에서 의사를 만나 알고 지내기는 쉽지 않다. 게다가 의사들은 의사들끼리 뭉쳐 지내는 습성이 있다. 여자 의사뿐만 아니라, 남자 의사에게도 최고의 배우자는 동료 의사라는 말이 종종 들리는 데다, 한 명의 의사가 탄생한 집안에서는 줄줄이 의사가 재생산되는 모습도 심심찮게 보인다. 의사 부부, 의사 가족, 의사 집안이라는 말이 어색하지 않은 것도 같은 맥락이다.

의사들은 왜 자기네들끼리만 어울리려고 할까?

의대의 교육 과정은 조금 길다. 의사가 되기 위해서는 의과 대학을 입학하고 졸업해야 하는데, 그 과정이 보통의 종합 대학의 4년 과정이 아닌 6년이다(최근에는 의전원이라는 제도 덕분에 의사가 되기 위한 과정이 더 길어지는 효과도 생겼다). 고작 2년 차이기는 하지만 이것이 다가 아니다. 우리나라의 군복무 제도상, 보통의 남자 대학생들이 대학 2년을 마치고 군대를 다녀와서 복학해서 졸업한 후 사회로 진출하는 과정을 가지는 데 비해, 의대생들은 6년 과정을 말끔히 끝낸 후 의사가 되고 나서 군의관이나 공중보건의와 같은 색다른 제도를 통해 군 복무를 마친다. 현재 우리나라의 의무 군복무기간은 21개월, 향후에는 18개월까지 줄어든다는 장기 계획도 있지만 군의관이나 공중보건의는 이보다는 훨씬 긴 37~39개월이다. 물론 일반 사병에 비해 장교로 근무하는 셈이니 어느정도 수월하게 군복무기간을 가지는 경향도 있으리라. 그렇지만 복무기간이 두 배씩이나 차이가 나는 데다, 향후에도 일반 사병의 복무기간처럼 줄어들 여지가 전혀 없다는 사실에서 무척이나 우울하다. 그러니 의대생들은 그런 제도 속에서 다른 학과 학생들과 교류가 옅어지고 스스로의 굴레를 더 강화시키는 효과가 발생하기도 한다.

의대 과정은 굉장히 바쁘고 힘든 시간이다. 의대 6년은 의예과 2년과 의학 본과 4년으로 구성되는데, 의예과 2년은 타 전공 학생들과 별 차이가 없지만 본과 4년 중 특히 본과 1, 2년의 과정은 그야말로 수업과 시험, 재시의 연속이며, 만약 성적이 좋지 않으면 유급이라는 제도를 통해 이미 이수한 과목도 전부 다시, 1년 아래 후배들과 함께 고스란히 1년을 다시 학점을 따야 하는 상황에 빠지기도 한다.

본과 1학년과 2학년 과정은 월요일부터 금요일까지 하루도 빠짐없이 하루 8~9시간의 강의 시간이 있고, 매주 토요일은 어김없이 시험을 치른다. 시험 성적이 좋지 않으면 재시를 보기도 하는데, 재시는 월요일이나 화요일 수업이 끝난 후 보게 되니, 만약 재시에 걸린다면 주말은 물론이고 월요일에 수업도 제대로 듣지 못한 채 재시 준비에만 열을 올려야 하고, 재시가 끝나자마자 또 토요일 시험을 준비하는 악순환에 빠지기도 한다. 그렇게 중간고사 기간이 되면 엄청난 시험 일정에 잠은 물론이고 밥도 제대로 못 먹는 경우가 허다하다.

방학도 무척이나 짧다. 6월 중순부터 8월 말까지 두 달은 너끈한 일반 대학 여름 방학에 비해 의대마다 약간의 차이는 있겠지만 본과 1학년의 여름 방학은 한 달 정도이다. 그것도 일찍 재시에 걸리지 않은 학생들의 경우이고, 재시가 많은 학생이라면 방학이 고작 2주에 그칠 수도 있고, 그나마 유급되지 않은 상황에 고마워해야 할지도 모른다.

유급이라는 제도가 다소 생소할지도 모르겠다. 의대에서의 유급은 그 자체만으로 학생들에게 상당한 압박감을 주는데, 힘들고 어려운 과정을 함께 보냈던 동기들과 떨어져 혼자서 그리 친하지 않은 학생들과 했던 공부를 또 해야 한다는 사실 때문이다. 쳤던 시험을 한 번 더 치는 재시도 비슷하다. 같이 공부해서 시험을 쳤지만 성적이 떨어지는 몇몇 학생들만 따로 시간을 내어서 다시 시험을 치는 상황이니 그 상대적인 박탈감은 굉장하다. 더군다나 빡빡한 시험 일정 중 재시에 걸리면 다음 시험을 공부할 시간마저 뺏기게 되고, 그렇게 한 학기 동안 악순환의 굴레에 빠질 가능성도 크다. 계속해서 재시만 치다가 결국 그 학기를 유급해서, 다음 해에 똑같은 과정을 후배들과 다시 한번 해야 한다는 사실을 끝내 받아들이지 못해서, 학업을 중도에 포기하고 도피차 군대에 가거나, 심하면 자살까지 하는 학생들도 드문드문 나타날 정도다.

상황이 이렇다 보니, 의대생들은 시간이 지나면 지날수록 고교 시절 가까웠던 동창 친구들과는 서서히 멀어지고, 의대 내부의 동기와 선후배들과 똘똘 뭉치게 된다. 그렇게 의대를 졸업하고, 의사가 되고 나서는 본격적으로 인턴, 레지던트라는 수련 과정을 거치는데, 이는 더더욱 일반인들과의 만남을 방해하는 상황임에 틀림없다.

20살부터 30대 초중반까지 십수 년의 시간을 의사들은 의사들끼리만 어울리다 보니, 점점 이 사회에 어울리는 방법과 요령을 잃어버렸는지도 모르겠다. 그렇게 의사들은 우리 사회에서 한쪽 구석으로 자의 반 타의 반의 심정으로 숨어들어간다. 상황이 이러니 일반인들 역시 의사를 잘 모르고 신비로운 대상으로 바라보는 것은 어찌보면 당연하다. 나 역시 모든 의사는 수술을 하는 사람으로 여겼으니 말이다.

물론 모든 의사가 수술을 하는 것은 아니다. 내과, 외과, 산부인과, 소아과처럼 의사들을 나누는 각 전문의 제도는 22가지 분야로 나뉠 수 있지만, 큰 분류는 3가지라고 할 수 있다.

의학은 내과, 소아과, 신경과, 피부과, 정신과, 가정의학과, 마취통증의학과, 방사선종양학과, 응급의학과, 재활의학과, 직업환경의학과처럼 수술을 하지 않는 내과 계열과, 외과, 흉부외과, 정형외과, 신경외과, 성형외과, 안과, 이비인후과, 산부인과, 비뇨기과처럼 수술을 하는 과, 그리고 진단검사의학과, 병리학과, 영상의학과처럼 진단에 필수적인 도움을 주는 서비스과 이렇게 3가지로 나눈다.

모두가 종합 병원에서 활성화된 분류법인데, 일상 생활 속에서 가장 흔하고 쉽게 보이는 동네 병원들은 모두 수술이나 진단에 필요한 것과 살짝 거리가 있는, 수술을 하지 않는 내과 계열의 과이다. 이들은 외래라고 부르는 의사와 환자를 만나게 해주는 제도 속에서 여러 가지 진료 행위를 펼치는데, 이는 드라마 속에서 보여주는 수술을 성공적으로 해내는 멋진 의사들의 이미지와는 거리가 있는 그런 곳이기도 하다.

개인 병원이나 준종합병원에서 근무하는 의사들은 보통 외래 진료가 많은 퍼센트를 차지한다. 하루에 환자 50명, 100명씩 본다는 바로 그것이다. 환자들은 보통 어떤 병에 가장 잘 걸리며, 어떤 이유로 병원을 많이 방문할까? 과에 따라 다르지만 감기 환자가 참 많다. 이들은 외래를 방문하여 길지 않는 시간 동안 진료를 받고 주사를 맞거나 약을 타가면서 자신의 감기가 하루 속히 낫기를 기대한다.

드라마나 영화 속에서 긴박한 상황을 철저하게 훈련받은 똑똑한 의사들이 매끄럽게 대처하는 멋진 모습에 익숙한 일반인들이 의사의 이미지를 종합병원 응급실이나 수술실에서 찾을지도 모르겠다.

그렇지만 사실 더 오래되고 익숙한 의사의 일반적인 이미지는 응급실이나 수술실보다 환자를 문진하며 약을 처방하고 그리 오래 걸리지 않는 가벼운 처치를 주로 하는 외래의 의사에 더 가까운 것도 사실이다. 응급실과 수술실이 세상에 등장한 것이 겨우 몇백 년에 불과하다면 외래의 의사는 몇천 년을 넘어 인류가 지구상에 첫발을 내디뎠을 때부터 우리 주변에 이미 있었을 테니 말이다.

사실 환자 주위에서, 그네들의 건강과 질병 관리를 가장 오랫동안 해오는 의료진이 1차 진료의, 동네 의사들이기도 하다. 현대자동차 산업보건센터도 물론 1차 진료에 해당되는 곳이다. 공장 직원들의 가장 가까이에서 의학적 자문과 치료를 해주는 역할, 나도 다시 그런 곳에서 의사의 본분을 다하게 되는 기회를 얻게 되었다. 비록 일반인들이 생각하는 멋진 의사들의 일반적인 이미지와는 약간 거리가 있기는 하지만 말이다.

오늘도 불철주야, 국민들의 건강과 생명을 위해 다각도로 노력하는 가장 기본적이라는 1차 진료의들, 진정 '파이팅!'이다.

보안

　현대자동차 입사를 위한 면접 약속을 하고 방문 시간을 정해 현대자동차로 직접 차를 몰고 갔을 때다. 미리 인터넷 위성 지도를 통해서 위치 확인을 하는데, 뭔가 좀 흐릿해 보였다. 확대해 보니, 전혀 초점이 맞지 않는 공허한 상태이고 로드뷰로도 전혀 볼 수 없는 그런 곳이었다. 현대자동차 울산 공장은 아마 국가 기간 산업으로 지정되어 자세한 위성 지도는 공개되지 않는 듯했다.
　우리는 분단 국가이고, 또 언제 다시 전쟁의 소용돌이 속에 빠질지도 모르는 상태이긴 하다. 만약 국가의 전면전이 시작한다면, 이곳 현대자동차 울산 공장에서 민간으로 공급되는 자동차는 즉시 죄다 군수용으로 바뀌겠지. 자동차는 중요한 전쟁 물자의 운송 수단이기도 할 뿐더러, 장갑차로도 얼마든지 응용이 가능한 기계가 아닌가?
　그래서인지 정문에서의 경비도 철통같았다. 경비복을 입은 무술

유단자처럼 다부지고 강인한 체격의 젊은 직원들 4~5명 정도가 정문을 지키고 있었다. 그래도 차가 들어가려고 하면 열어주겠지 싶었는데 전혀 아니었다. 면접 약속을 사전에 했다고 말했지만 출입증이 없으면 차는 절대 들어갈 수가 없단다. 어쩔 수 없이 길 반대편 골목길에 대충 주차하고 다시 정문으로 갔지만 약속 시간이 5분 정도 지난 후였다. 정문 옆에 있는 방문객 안내실로 들어가니, 나를 마중나온 사람이 안내를 해줬다. 차는 절대 들어올 수 없다고 미리 말해줬으면 좋았겠지만 그건 내 입장이고, 여기서 수십 년간 일해 왔던 사람들은 그게 너무나 당연해서 아마 말을 해야 한다는 생각을 못했을 가능성이 더 컸을 듯하다. 아무튼 굉장히 강력했던, 마치 보안이 생명인 비밀 군부대에 들어가는 듯한 느낌을 받았다.

글로벌 탑 5 자동차 회사의 본부가 울산 공장일까? 그건 아니겠지만 현대자동차의 가장 오래되고 중요한 현장임에는 틀림없을 테니, 그만큼 보안은 철저히 지켜지는 듯했다. 이곳 직원들은 공장 안으로 들어오거나 나갈 때는 꼭 직원증을 전자 인지기에 체크해야 했다. 만약 근무 시간 중에 외부로 나가게 되면 외출로 잡히는데, 허락받지 않은 외출은 그 직원의 근무 태도에 전자 기입된다고 들었다. 그동안 요양 병원에서 어느 정도 자유롭게 생활해온 나로서는 철저하다 못해 차갑기까지 느껴질 만한 철저한 관리였다.

업무용 개인 컴퓨터를 사용하려면 기입해야 할 비밀번호가 세 개씩 있었다. 윈도우 화면에 저절로 나오는 비밀번호와 업무용 메신저의 비밀번호, 그리고 또 각종 프로그램의 로그인을 위한 비밀번호, 그리고 여러 가지 필요한 공인인증서들도 갑작스레 돌출하다시피 나오기도 했는데, 당연히 비밀번호를 요구했다.

직원들을 위한 현대자동차 전용의 포털사이트 같은 업무용 사이트는 회사 내에서만 로그인이 가능한 듯 보였는데, 여기에 들어가려면 아이디와 비밀번호 외에 스마트폰 어플을 따로 다운받아 시시각각 달라지는 8자리의 숫자를 추가로 입력해야 사용이 가능했다. 상당히 번거로운 일이기도 했지만 이런 철저한 보안은 한편으로는 내가 하는 일이 그만큼 중요하다는 의미처럼 느껴져 자부심이 생기기도 했다.

상당히 많은 병원에서 병원에서 주로 사용하는 진료 프로그램의 비밀번호로 한 자리 숫자 1을 사용하기도 하는데, 이는 프로그램의 설치 업무를 담당하는 직원이 임의로 숫자 1을 습관적으로 설정해 놓아서였다. 물론 향후 변경이 가능하지만 대개의 의사들은 전혀 변경하지 않은 채 그렇게 몇 년간 1이라는 단순한 비밀번호를 계속 쓰는 사람들을 많이 보아 왔는데, 그런 느슨한 곳에서 생활하던 나로서는 이곳의 강력한 보안이 조금은 새롭게 보였다.

개인 USB를 사용하는 것은 금지된 듯했다. 좀더 정확히 말하면, 개인 USB의 자료를 회사 컴퓨터로 옮기는 것은 가능하지만 반대로 회사 컴퓨터의 파일을 개인 USB로 복사하는 것은 불가능했다. 또 회사 컴퓨터에 저장된 모든 파일은 메일의 첨부 파일로 외부 유출도 원칙적으로 금지였다.

컴퓨터를 켜고 나서 기입하는 많은 종류의 비밀번호는 주기적으로 변경해야 했는데, 그 작업은 생각보다 그리 녹록지 않았다. 몇 년씩 사용해오던 나만의 비밀번호를 버리고 새로운 번호로 그것도 3개월이라는 짧은 주기를 가지고 수시로 변경한다는 것은, 주말을 보내고 나면 바꾼 번호가 뭐였는지 헷갈리기 일쑤였다. 한 개도 아닌 여러 개의 비밀번호라면 더더욱 말이다.

회사에서는 방화벽 차단으로 들어가지 못하는 사이트도 상당히 많았다. 각종 오락 사이트는 물론 쇼핑이나 주식, 개인 블로그, 스포츠와 연예 관련 기사도 볼 수 없었다. 한 가지 인상적인 것은 유명한 대형 쇼핑 사이트는 전혀 못 들어가지만 현대 그룹 안에 있는 현대H몰만큼은 예외였으니, 전국의 그 많은 현대자동차 직원들은 자연스레 현대H몰만을 이용하게 되는 듯했다.

대기업 집단의 내부 거래는 이런 것도 해당되는 걸까? 이게 부당거래인지는 모르겠지만, 한두 명도 아니고 전국의 현대자동차 직원이 7만 명은 되니 이런 간단한 지침도 나비 효과를 일으켜 상당한 파급력을 지니지 않을까 짐작된다. 게다가 직원들에게 지급되는 복지 포인트 사용처가 현대H몰이니 대기업 집단은 실로 그 영향력이 내가 상상하는 것 이상으로 대단하지 않을까?

공장 내에는 와이파이가 전혀 검색되지 않았는데, 혹시 이것도 인위적인 차단인지 모르겠다. 이 정도 보안은 당연한 걸까? 헛소문인지는 모르겠지만 삼성전자는 휴대폰과 노트북 반입도 절대 불가능하다고 하니, 그에 비하면 훨씬 수위가 낮은 편이기도 했다.

사내 컴퓨터에는 반드시 설치되어 있는 프로그램만 이용해야 했다. 무슨 이유인지는 모르겠지만 워드 프로그램은 MS워드만 있었는데, 아래아한글 워드프로세서는 뷰 기능만 이용할 수 있었다. 그러니 다른 사람이 만든 HWP 파일을 보는 것만 가능하고 여기서 HWP 파일을 만들 수는 없었다. 현대자동차 그룹의 직원이 7만 명이니 컴퓨터도 그 정도 있을 테고, 그 많은 컴퓨터에 깔리는 프로그램이 왜 한글이 아니라 미국 MS사의 프로그램일까? 대당 10만 원만 잡아도 70억 원은 될 텐데, 이 돈이 몽땅 미국으로 가는 걸까? 좀 아깝긴 하지만 그래도 어쩌랴? 이 정도는 해줘야 미국에 수출하는 데 유리할 테고, 특히 미국 MS사에 공급할 자동차가 1천 대만 되어도 경상 수지가 훨씬 큰 흑자를 기록할 테니, 섣불리 판단할 수는 없지만 말이다.

그래도 개인적으로 아래아한글을 워낙 오랫동안 사용해서 익숙해진 탓에 상당히 섭섭했다. 고민하다가 개인적으로 내 컴퓨터에만 살짝 설치해서 이용하면 안 될까 하는 생각으로 직접 아래아한글을 설치해봤다. 뿌듯한 마음이 드는 것은 순간뿐, 그 이후부터 컴퓨터를 켤 때마다 불법 소프트웨어가 설치되었다는 경고창이 떴고, 만약 지우지 않으면 엄청난 불이익이 있을 수 있다는 반협박의 섬찟함이 느껴지기도 한 상황을 맞고 보니 마음 편하게 아래아한글을 사용할 수도 없게 되었다. 그러고 보니 어떤 프로그램도 설치가 안 되는 것 같았다.

한글을 포기하고 MS워드를 사용했지만, 역시 미국에서 만든 프로그램보다 우리나라 토종 소프트웨어인 아래아한글로 타이핑을 하는 것이 훨씬 더 편리하고 손에 잘 맞는다는 생각이 들었다.

2017년 초 회사에서 직원들에게 보안이 중요하다는 주제로 표어

공모를 했는데, 상을 받은 것 중 하나에 이런 표어가 있었다.

'현대자동차에는 보안 관련 직원 7만 명이 있습니다.'

현대자동차에 근무하는 전 직원이 보안 요원이라는 뜻인데, 그만큼 보안이 중요하다는 과장법이다. 참 대단한 회사라고 느꼈지만, 실제 현대자동차는 내 상상보다 훨씬 더 대단한 회사이기도 했다.

의약 분업과 리베이트

고등학교를 졸업하고 의대로 진학했지만 의사가 되는 길은 그리 쉽지도 재미있지도 않았다. 더군다나 환자를 아끼고 진정으로 돌보는 훌륭한 의사에 대한 동기 부여도 그다지 없었고, 이와는 무관하게 너무 많은 공부량을 특별한 이해 없이 무자비하게 암기로만 밀어붙이는 방식도 나와는 거리가 멀었기에 내 의대 시절은 참으로 힘들고 어렵게 보낼 수밖에 없었다.

참다못해 한번은 휴학을 하게 되었는데, 그렇게 짧은 시간이나마 학교를 떠나 다른 보통 대학생들처럼 영어 회화 학원도 다니고, 컴퓨터 자격증도 따고, 아르바이트도 하고 그리고 연애까지, 참 바쁘지만 하고 싶은 것들을 하면서 제법 유익한 시간들을 보냈다.

의대와 어느 정도 동떨어져서 지내던 중 우리나라 의료계는 단군 이래 최대의 격변기를 맞이하게 되었는데, 그것이 바로 2000년 의약 분업으로 인한 사상 초유의 진료 거부와 파업이었다. 나로서는 참 생뚱맞은 타이밍이었다. 휴학을 하자마자 의사들은 파업을 했고, 학생들은 수업을 거부했기에, 실제로 휴학을 하지 않았어도 의대 공부와는 거리를 둘 수 있게 되지는 않았을까 하기도 했지만 의대생으로서 의약 분업이라는 의료 정책과 이와 관련된 사회 활동에 참여할 기회를 자연스럽게, 그리고 어쩔 수 없이 놓쳐버리기도 한 셈이었다.

단점만 보아서는 끝이 없을까? 반면에 휴학은 잠시 의대생이라는 신분에서 떨어져 일반인의 시각에서 의약 분업을 바라보고, 그럼으로써 양쪽의 입장을 동시에 느낄 수 있었던 계기가 되기도 했다.

우여곡절 끝에 의약 분업은 결국 타결이 되었고, 벌써 20년이 다 되어가는 과거의 한 사건이 되었다. 이제는 환자들도 병원에 가서 처방전을 받아 약국에 다시 가서 약을 받아오는 일에 익숙해졌다. 의약 분업은 몸이 아프면 병원으로 가서 의사에게 진료를 받고 처방전으로 약국에 있는 약사에게 약을 조제받는, 반드시 시행되어야 하는 그런 절차임에 틀림없다. 미국이나 유럽에서는 너무나 당연한 사회적 제도로 인정받기에, 의약 분업이라는 단어조차도 뚜렷한 표현 방식이 없다고 듣기까지 했다.

그런데 우리는 어쩌다 그렇게 중요한 의약 분업을 2000년에서야 시작하게 되었을까?

여러 가지 이유가 있을 거다. 우선 비용이 많이 든다. 병원에서 진료받고 동시에 약도 처방받고 그렇게 끝난다면 환자 입장에서는 간

편하고 경제적이다. 병원 입장에서도 약조제를 하더라도 고정 비용이 그리 많이 높아지지는 않는다. 그런데 환자가 병원과 약국, 두 군데를 가야 한다면 시간과 비용 상승은 어쩔 수 없다. 우리나라가 1994년부터 선진국들의 모임인 OECD에 가입할 정도로 경제적 수준이 높아졌지만, 전국민 의료 보험을 시작한 때는 겨우 1977년이었다. 1977년에서야 먹고 사는 기본적인 의식주에 안심을 하게 되었다는 의미이기도 했다. 의약 분업을 하는 것이 환자를 위해서 더 나은 절차라는 것은 이미 모두가 다 알고 있지만 실제로 그 비용을 감당하면서까지 막상 시작하는 것은 적지 않은 부담이었으리라.

1894년 갑오개혁이 터지고 근대화 물결이 밀어닥치기 시작한 후 100년이 더 지난 지금은 머리끝에서 발끝까지 모조리 서양식 제도로 바뀌게 되었다. 전통적인 방식은 다 버리고 모든 것은 바꿔야 한다는 인식까지 생기면서 교육 제도도 모조리 서양식으로 교체되었는데, 그렇게 고려 시대, 조선 시대의 교육 기관들은 하나도 남김없이 사라졌고, 일제 강점기를 통해 들어온 서양식 교육 제도가 정착하자 그 내용 또한 서구식으로 바뀌었다. 그렇지만 한반도에서 1만 년 이상 살아온 우리의 사고방식까지 바꾸기에는 근대화와 현대화의 시간은 너무 짧았다.

의료도 긴 시간 동안 전통적 방식의 의료 제도에 맡겨왔는데, 전통적인 우리 의료는 한의학이다. 한의학에서는 사실 진료와 약은 뗄래야 뗄 수 없는 일심동체의 관계이기도 하다. 한의사에게 진료를 받고 침을 맞고 약을 받는 것은 환자나 한의사 모두에게 몸에 익은 너무나 자연스러운 일들이기에, 이런 가치관 속에서 진료와 약을 분리시키는 의약 분업을 해야 한다는 인식이 그만큼 더 늦을 수밖에 없었을 거다. 의약 분업의 유래가 의학과 약학이 분리되어 있다는 서양식 교육 제도에서부터 시작되었을 테니 말이다.

의약 분업 시행이 늦어졌던 또 다른 이유로 의사나 약사와 같은 보건의료인들의 반발이 컸다는 사실도 있다. 1977년 전 국민 의료 보험을 시작했을 때는 서슬 퍼런 박정희 대통령의 유신 정권 시절이었다. 권력자의 뜻에 반대한다는 것은 반공 국가였던 당시 특징상 용공 분자로 몰리기 십상이었고 이는 철저한 사회적 파면으로 이어져 재산은 물론이고 심하면 목숨까지도 부지하기 어려웠을 때였다. 전 국민에게 일정한 돈을 거두어 펀드를 조성, 운영하며 이 기금으로 환자의 본인 부담금은 줄여주고 진료를 받는 환자들의 치료 비용 일부를 의사들에게 지급하는 방식이 의료 보험이었지만 이것이 가능했던 이유 중에 하나는 의사들에게 지급하는 의료 수가를 되도록이면 낮게 잡으며, 강한 총칼의 권력으로 반발하는 의사들을 눌러댔기 때문이다. 그렇게 의료 수가가 결정되었고 그 이후 물가의 상승과는 무관하게 전혀 인상하지 않은 채 그 수준을 유지하면서 2000년까지 지속되었다.

1979년 10·26사태 후 박정희 정권이 끝나고 서울의 봄이 왔지만 다시 도래한 기나긴 신군부 시대, 그 후 문민 정부 시절이 오나 했더니 국가의 부도라는 사상 초유의 IMF 상황은 의료 수가 인상이라는 말을 차마 꺼낼 수도 없는 환경이었으리라.

그러다 보니 국가는 보건 의료인들의 편법을 어느 정도 눈감아주기도 했는데, 그 대표적인 것이 바로 약값 리베이트였다. 리베이트는 일종의 판촉 마케팅의 한 방법이다. 가정에 우유나 신문을 신청하면 사은품으로 자전거와 같은 생활 용품을 주는 것 역시도 리베이트의 일종이다. 내가 학생 때는 방학마다 집에 인터넷 회사를 바꿔가면서 사은품으로 받은 컴퓨터 관련 부품들이 참 유용하고 쏠쏠했다. 어차피 인터넷 요금은 집에서 내는 건데, 그것을 바꾸기만 해도 필요한 물건들을 받는다는 것은 용돈이 부족한 학생 신분에서는 참 재미있는 경험이었다.

그런데, 이런 리베이트에도 합법과 불법이 있는데, 그것은 리베이트를 받는 사람이 그 리베이트 비용을 본인이 전부 부담하느냐 하지 않느냐의 차이다. 집에 우유를 받기로 하고 사은품으로 자전거를 받았다면 그 자전거 값은 우유 값 안에 모두 포함되어 있으니 우유를 받아먹는 사람이 사은품 비용도 다 내는 것과 같다. 이것은 엄연한 마케팅 방법이기에 합법이라는 뜻이다. 그런데 병원에서 환자가 약값은 정가대로 치르는데, 약에 대한 리베이트는 정작 약값을 부담하는 환자가 받는 것이 아니라, 그 병원 의사가 갖게 된다면 이는 불법이 된다.

실제로 환자는 약에 대한 지식이 무척 미흡하기에 의사가 시키는 대로 따르게 되는데, 의사가 만약 환자 상태와 무관하게 리베이트를 많이 주는 약들로만 처방한다면 심각한 부작용으로 이어질 수밖에 없으니 마땅히 규제해야 하는 불법 행위임에 틀림없다.

그렇지만 1977년 의료보험을 시작하면서 진료 수가는 낮게 책정됐고, 그 불만을 상쇄시키기 위해 약값 리베이트는 정부가 묵시적으로 눈감아 주기로 하면서 이는 관행처럼 의사들의 부수입이 되어버린 채 2000년까지 와버리게 되었다.

사회가 더 투명해지고 바람직한 방향으로 나아가기 위해 의약 분업을 시행하자는 움직임이 생기자, 의사들은 그동안 쌓여왔던 불만들을 한꺼번에 토해냈다. 1977년부터 무려 23년간 한 번도 인상하지 않은 의료 행위에 대한 저수가를 해결하지 않고서는 절대 의약 분업을 받아들일 수 없었고, 그렇게 진료 거부라는 초강수를 두는 강한 투쟁 끝에 비로소 수가 인상을 관철해냈다. 또 그 이후로도 해마다 조금이나마 수가를 인상하게 되었다.

그런데, 이를 바라보는 보통 시민들은 의사들을 환자는 뒷전이고 돈만 챙기는, 히포크라테스 선서는 안드로메다에나 던져버린, 의료인이 아닌 마치 사채업자 샤일록처럼 보는 시선들이 드문드문 나타나기 시작했다.

의사들이 자신들의 본업인 진료까지 거부하면서 의약 분업을 반대했던 가장 큰 이유는 과연 무엇이었을까? 의약 분업을 계기로 그동안 형편없이 낮았던 의료 수가를 정상화하는 것이 가장 커다란 이유일 것이다. 그 밖의 쟁점들 중 가장 논란의 여지가 컸던 내용이라면 의사의 처방전을 약사가 임의로 고칠 수 있느냐 없느냐는 것이었다. 좀 더 구체적으로, 의사가 처방한 약을 동일한 성분의 다른 제약 회사의 약으로 약사가 임의로 바꿀 수 있느냐 하는 것이었다. 우리나라가 작고 힘없는 나라라고는 하지만 그것은 일본이나 미국, 중국 같은 주변의 대국들에 비해서 작고 힘없다는 것이지 실상은 그렇지 않다. 세계 200개국 중에서 인구 5천만 명의 GDP 세계 10위권의 강대국이기도 하다. 당연히 의약 시장의 규모도 굉장히 클 수밖에 없는데, 그러다보니 제약 회사의 종류와 숫자도 어마어마하게 많다. 잘 알려진 타이레놀이라는 약도 똑같은 성분의 약을 만드는 제약 회사가 수백 개 이상 되는 곳이 우리나라다. 그러니 의사가 타이레놀을 처방했을 때 똑같은 성분의 타이레놀이라면 약사가 다른 제약 회사의 타이레놀로 조제하는 것은 어떨까? 괜찮을까? 이것이 의약 분업 시절 의사와 약사의 가장 큰 쟁점이었다.

의사들의 입장은 틀림없이 반대다. 일반인들은 의사들이 반대하는 이유를 두고 약값 리베이트를 의사들이 먹어야 하는데, 제약 회사를 약사들이 바꾸어 버리면 그 리베이트를 더 이상 가질 수 없으니 반대한다고 생각한다. 그러면 제약사를 바꾸게 되는 권한을 약사들이 가지게 되면 그 리베이트를 의사가 아닌 약사들이 가지게 되는 걸까? 그럴지도 모르겠다. 제약 회사 직원 입장에서는 아무리 의사들에게 자기네 약을 처방해달라고 부탁해서 의사가 그렇게 들어줘도 약사가 임의로 바꿔버리면 의사들에게 판촉하는 행위가 무의미해질 테니까.

그런데 실제로 의사들이 동일 성분의 약을 제약 회사가 바꾸는 것을 못하게 막는 이유는 전혀 다른 곳에 있다. 리베이트와 같은 돈 문제와는 거리가 멀다. 의사가 환자에게 꼭 필요하다는 판단으로 내린 처방전을 약사가 임의로 바꾸는 것을 우려하기 때문이다. 약사도 나름의 전문성을 가지고 있을텐데도 불구하고 왜 의사는 우려를 멈추지 못하는 걸까? 여기에는 좀더 복잡한 문제들이 얽혀있다.

제삼자들이 볼 때 의사와 약사는 사회적인 역할 면에서 별 차이가 없어 보일 수도 있다. 나 역시도 학생 때에는 느끼지 못했던 부분들이지만 오랜 기간 의사로서 환자를 돌보면서 조금씩 두 직종 간의 갈등 관계와 구조에 대한 생각이 자연스레 자리잡았다.

학생 시절뿐만 아니라 사회 생활에서도 의사와 약사가 대면할 일은 거의 없다. 교육 과정도 다르고 학제도 6년과 4년으로 다르다. 그러나 두 분야의 전공자가 자신의 분야에 자리잡기까지 각자 쏟은 노력과 시간은 그 누구도 함부로 폄하할 수 없을 정도이다. 그럼에도 불구하고 의사들이 약사를 바라보는 시각은 부드럽지만은 않다. 결코 약사가 되는 과정을 얕잡아보아서가 아니라 실제로 의사가 되기까지의 지겹도록 험난한 과정 탓이 클 것이다.

의대 생활 6년(의전원이라면 8년), 수련 기간 5년, 공중보건의나 군의관의 군복무 기간 4년까지 15년, 20살부터 35살까지 앞만 보고 달려야 하고, 다른 사정이 있어 휴학하거나 유급이 더하면 20년이라는 외롭고 힘든 싸움을 거쳐야 한다. 졸업 후 주 100시간씩 근무하는 수련 과정은 하루에 세 시간 수면도 지키지 못해, 피곤에 찌든 의사들의 근무 행태가 사회 문제로 등장하기도 했다. 이 과정에서 자연히 친구들과 서서히 멀어지고 늘 얼굴을 맞대는 의사들과 어울릴 수밖에 없고, 이는 다시 사회성이 떨어진다는 비난과도 연결된다.

이런 과정을 겪은 의사들에게 남는 것은 자기 분야의 전문성과 자존심이라 단언할 수 있다. 물론 일부 의사들은 어둡고 긴 터널을 지나온 과정에서 생긴 인간적인 자존심을 내세우기도 하겠지만 대부분의 의사에게 자존심은 전문성과 연결되어 있다. 약사와의 갈등이 깊어지는 근본 이유를 여기에서 찾을 수 있다. 약사가 임의로 처방전을 바꾸면 앞서 행한 의사의 전문적인 진료 행위를 무력화시킬 수 있고, 이는 의료 행위와 환자 사이에 단절을 의미한다. 때문에 환자를 끝까지 책임지지 못하게 되어 책임감 및 의료인으로서의 자존심과도 직결된다. 더욱이 업체 비리와 관련되어 있을 가능성을 염두에 둔다면 이는 도저히 용인할 수 없는 일인 것이다.

우리나라가 선진 국가들의 모임인 OECD에서도 평균 수명과 기대 수명이 최상위권에 속하는 만큼 의사들이 국민 건강에 큰 기여를 하고 있다는 자부심과 책임감은 실로 대단하다. 그런데 사회가 제도적으로 약사들이 처방전을 바꾸도록 용인한다는 시도를 보고 의사들이 무슨 생각을 하겠는가? 더욱이 처방전을 바꾸는 데서 그치지 않고 더한 요구에 직면할 수도 있다는 우려도 기우에 그치지는 않을 것이다.

이런 속내를 제삼자가 자세히 알기는 당연히 어렵다. 때문에 의사들이 의약분업을 반대한 이유를 돈의 문제로 치부하는 대중들에게 의사도 자신들의 입장을 표현하고 이해시키기 위한 구체적이고 지속적인 노력이 필요하다. 나 역시도 학생 시절에는 의약 분업을 반대하는 의사들의 속내가 실은 약값 리베이트 때문이 아닐까 생각했었다. 그런데 환자들과 함께 의사로서 긴 세월을 보내면서 조금씩 시각이 바뀌어 갔다. 자동차 운전도 익숙해지면 주변 경관이 보이기 시작하듯이 의사들도 시간이 지나면서 점차 마음의 여유가 생기고 환자들과 공감도가 깊어져 문득 내 몸을 살피듯 하는 자신을 발견하게 된다. 대부분의 의사들도 마찬가지일 것이다. 의약 분업을 반대하는 것도 전혀 별개의 문제가 아니다. 내가 아는 한 의사들이란 돈 문제로 그만한 목소리를 내는 집단이 결코 아니라는 점을 강조하고 싶고, 이 글을 통해 오해가 조금이나마 해소되기를 바란다.

의사들도 과거 관행으로 받아왔던 리베이트가 이제는 90퍼센트 이상은 사라진 것 같다. 나로서도 한 번도 본 적이 없다. 뉴스에 등장하는 리베이트 비리와 관련된 의사들의 소식을 보면 겨우 그만한 금액에 저런 위험 부담을 껴안았을까 하는 의문이 있었다. 그러다 보니 나머지 10퍼센트는 본인은 받았는지도 모른 채 누명을 쓴 억울한 상황은 아닐까 하는 생각까지도 해보았다.

어느 분야를 막론하고 그 집단에 오명을 씌우는 구성원들은 늘 있게 마련이다. 모든 의사가 환자는 뒷전이고 돈만 쫓아간다는 일반론적인 오해를 순수한 자존심으로 살아가는 대부분의 의사들에게까지 적용하지 않기를 바랄 뿐이다.

출퇴근길

    우리집은 경주 선도동에 위치하고 있다. 경주 버스 터미널에서 3킬로미터 정도 떨어진 시내에서도 멀지 않은 곳인데, 집 주변은 수많은 논밭이 있기에, 마을 풍경은 도심에서 한참 벗어난 외곽지 같은 분위기를 자아낸다. 이곳에서 현대자동차 울산 공장 정문까지는 정확히 44킬로미터이니 평균 시속 44킬로미터로 간다면 1시간이면 도착할 수 있는, 가깝지 않지만 또 멀지만은 않은 거리의 직장이다.

    그런데 그런 직장까지 가려면 7번 국도, 특히 외동에서 울산 구간을 반드시 거쳐야 했는데, 이 구간은 전국에서 가장 교통량이 많기로 유명한 만큼, 4차선이라는 그리 좁지 않은 도로임에도 엄청난 체증을 일으켜서 도로 기능을 상실했다는 평가마저 듣는 곳이었다. 현대자동차 울산 공장을 새 직장으로 삼는 것을 결심하기 전 가장 많이 고심했던 부분이 바로 출퇴근 시간이 너무 많이 걸리지 않을까 하는 염

려였다.

　체증이 너무 심해서일까? 몰랐던 새로운 관련 도로 계획이 3개나 있었다. 포항 울산 고속도로와 울산 오토밸리로, 또 경주 내남 외동간 국도, 그때가 2016년 3월이었는데, 포항 울산 고속도로 개통은 그해 6월, 오토밸리로 완공은 9월, 내남 외동간 국도 개통은 10월로 잡혀 있었다. 특히나 내남 외동간 국도는 나의 출퇴근 총 거리를 단축시켜 줄 뿐 아니라, 고속도로나 다름없고 악성 교통 체증 구간을 완벽히 피해 계획된 도로인 데다 우리집에서도 진입이 편리해 그야말로 최상의 도로다. 하늘이 어떻게 내가 이 시점에 울산으로 출퇴근하는 줄 알고 이런 선물까지 만들어 주신 건지 감사하는 마음이 들 정도로 세 개의 도로 개통 뉴스는 참으로 기쁜 소식이었다.

　세상일에 밝지 않다는 순진하다는 표현이 맞는 상황이었을까? 포항 울산 고속도로는 제때에 개통되었지만 교통량 감소는 전혀 느껴지지 않았고 오히려 더 심해진 것이 아니었을까 의심이 들 정도로 효과는 미미했다. 포항 철강 공단에서 경주를 거쳐 울산 현대자동차로 가는 강판을 실은 수많은 트럭들이 고속도로를 이용하는 것이 그다지 메리트가 없었을까? 고속도로를 이용해서 울산에 도착하면 울산 서쪽 끝에 위치한 신복 로터리에서 동쪽에 있는 현대자동차까지 울산 시내를 완전히 관통해서 이동해야 하는데, 그 시간이 족히 40~50분은 걸릴 듯 싶었고, 이에 부담을 느낀 트럭 운전 기사들이 이 고속도로를 외면하게 되지 않았을까 느껴지기도 했다. 지도상으로 보면 포항 울산 고속도로는 현대자동차 울산 공장과는 너무 많이 떨어져 있는 것도, 또 고속도로 개통과 관련된 보조 도로가 전혀 없는 상황이었으니 고속도로의 개통 효과가 나에게는 아무런 의미가 없는 편이기도 했다.

연이어 개통 예정이었던 울산 오토밸리로는 개통이 늦춰졌다. 전 구간이라고 해봐야 고작 12킬로미터에 불과하고 게다가 그 중 절반은 이미 부분 개통된 상태였는데도 완공은 그리 쉽사리 되지 않고 다음 해 6월 말로 연기되어 버렸다. 알고 보니 오토밸리로는 7번 국도의 만성 체증을 겪고 있는 울산 북구 시민들의 오랜 숙원 사업이었고 구의원이나 시의원, 울산 국회의원 출마자들의 공통된 공약이었다. 아주 오래 전부터 새 도로의 필요성이 공론화가 되었고 그러기에 그 완공 개통 시기가 이미 2010년으로 예정되어 있던 그야말로 악명 높은 티스푼 공사였다(티스푼 공사는 도로 개통이 너무 자주 연기되는 것을 비꼬는 표현으로 마치 티스푼으로 땅을 파낼 정도로 오래 걸린다는 의미에서 나온 말이다). 울산 시민들의 여러 온라인 게시판에는 오토밸리로가 2017년 5월쯤 되면 다시 완공 시기가 늦춰질 거라고 비아냥대는 사람들도 종종 보였다. 더 이상 별다른 신뢰감을 주지도 못하는, 그런데도 그 사실을 나만 몰랐던 그런 도로가 바로 울산 오토밸리로였다(이 오토밸리로가 실제 개통한 것은 2017년 9월 말이었다. 총 12.5킬로미터에 불과한 이 도로공사를 무려 16년 동안이나 걸려 완공한 것이었다).

연말에 완공될 거라는 내남 외동간 국도 역시 개통을 딱 1년 늦추어 2017년 연말로 잡혔다. 매일 출퇴근하면서 도로 공사가 조금씩 진척되는 광경을 하루 2번씩 보곤 했었는데, 아쉽고 안타까운 마음이 사라지지 않았다. 인터넷으로 도로 개통 소식을 검색하다 답답한 마음에 공사를 관리하는 곳과 시공사에 전화를 걸어 공사 진척과 완공 예정 시기를 묻곤 했다. 돌아오는 대답은 2016년은 물론이고 2017년 연말도 확정 지을 수 없으며 기상 상태와 재정 상태에 따라 더 늦춰질 가능성도 농후하다고 했다. 사실 내남 외동간 국도도 처음 착공할 때 예정된 완공 시기는 2012년이었다(그러나 실제 내남 외동간 국도는 2017년 12월 31일 개통되었다. 이 도로는 외동에서 내남을 거쳐 신경주역과 연결되는 도로인데, 그중 일부분인 내남 외동 도로만 우선 개통한 셈이었다).

현대자동차 울산 공장은 연간 자동차 생산량이 100만 대에 육박하는 국내에서 가장 큰 사업장 중 하나이다. 자동차 한 대당 5만 개의 부품을 사용하는 공장의 특성상 수많은 협력 업체를 거느리게 되는데, 많은 협력 업체들이 멀지 않은 경주 외동 공단에 입주하게 되었고, 이 두 곳을 연결해주는 7번 국도는 그야말로 교통 체증으로 몸살을 앓을 수밖에 없는 곳이 되어버렸다. 울산시는 이 7번 국도의 울산 구간만이라도 8차선으로 확장 공사를 진행하고 있지만, 경주 구간은 4차선으로 남겨둔 채 울산만 넓히는 것은 큰 효과를 기대하기는 어려웠다.

덕분에 나처럼 경주와 울산을 7번 국도를 통해 출퇴근하는 사람들은 많은 시간과 비용을 도로에 버리게 되었다. 출퇴근 시간을 편도 1시간으로 잡긴 했지만 조금이라도 체증이 더 생기면 1시간 20분은 족히 걸렸으니, 하루에 3시간씩 운전대를 잡는 날들도 다반사였다.

불만만 가지고 있으면 스트레스만 쌓일 뿐이다. 모든 것을 인정하고 받아들이고, 운전하며 보내는 그 시간을 활용하는 방법을 찾아봐야 했다. 음악을 좋아하는데, 사실 그동안 음악 감상에 대한 기회가 그다지 없었으니, 이참에 출근길에는 KBS FM으로 클래식 음악을 듣고, 퇴근길에는 바이올린 곡들을 CD로 들었다. 바이올린을 잡은 지 5년이 넘은 나로서는 차 안에서 나만의 감상 시간이 제법 유익했고 또 재미있기도 했다.

7번 국도로 경주와 울산을 오가면서, 그 전에는 몰랐던 도로변 상황에 대해서도 눈을 돌릴 수 있게 되었다. 주변 지리가 저절로 익혀지는 것도 성과라면 성과였다. 내비게이션을 꺼리는 편이어서 직접 운전하며 도로의 표시판에 의지하여 가다 보니, 도로가 상가들의 간판이나 다른 곳으로 연결되는 이면 도로에 좀 더 익숙해지기도 했다.

울산과 경주에는 까마귀들이 굉장히 많은데, 출퇴근길에 이들이 떼를 지어 논밭이나 전선 위에 앉아있는 광경은 참으로 특이했다. 수천 마리의 까마귀들이 하늘을 뒤덮으며 활공하는 광경을 멀리서 보면 큰 불이 나 새까만 재들이 붕붕 날아다니는 모습처럼 보이기도 했는데, 7번 국도 인근에 특히 자주 보였다. 우연히 알았는데, 저 까마귀들은 시베리아에서 날아온 떼까마귀라는 겨울 철새라고 한다. 시베리아에서 울산까지 거리는 얼마나 될까? 최소 4천 킬로미터는 되겠지? 그런데 대체 새들은 왜 그렇게 먼 거리를 이동하는 걸까? 길짐승들은 한 곳에서 정착해서 살아가는 경향이 큰데 철새들은 왜 그렇게 정착하지 못하고 그 먼 거리를 이동해야 할까? 아무리 날개가 있어도 그 먼 거리를 다니는 게 그리 쉬운 과정은 전혀 아닐 텐데 말이다. 혹시 날 수 있는 기능으로 이동을 손쉽게 하지만 상대적으로 추위와 더위를 견딜 수 있는 능력은 감퇴되어버린 것은 아닐까?

하늘을 날면서 빠르게 이동할 수 있는 능력이 주어지면서 대신에 더위와 추위를 이겨내고 다양한 먹이를 소화해내는 등의 한 곳에서 정착하면서 살아가는 기능을 뺏긴 떼까마귀처럼, 장점은 정말 단점 속에 숨어있는 게 아닐까 하는 생각이 다시 한 번 머리를 스친다.

생계 때문에 상대적으로 먼 길을 출퇴근해야 하지만 그런 직장이라도 감사히 가져야 하는 시대이고 행복한 고민이라는 것도 틀림없이 맞지 않은가? 차 안에서 시간을 많이 보내게 되면서 평소 좋아했지만 잘 못했던 음악 감상도 실컷 하고 날씨와 뉴스도 일정한 시간에 듣고, 여러 시사 프로그램에도 귀를 기울이면서 좀 더 우리 사회와 가까워지고 있다는 장점도 파악하면서 말이다.

역시 스트레스는 외부에서 오는 게 아니라 이를 바라보는 내부의 관점에서 만들어지는 것이 틀림없다. 생각이 바뀌니 마음이 훨씬 편해졌다.

감기라는 병은 대체!

우리 몸의 전신을 둘러싸는 피부는 그 두께가 고작 4센티미터에 불과하지만 방탄복, 아니 우주 공간에서 작업하는 우주인의 우주복과 같은 기능을 가진다. 우리 주위를 둘러싼 무수히 많은 세균과 바이러스 등 외부 세력들의 끊임없는 체내 침투 공격을 막아주는 가장 기초적인 방어막이 바로 피부인 셈이다. 사실 이런 피부가 어떤 충격으로 찢어지거나 갈라져, 균들이 체내로 마구 들어온다면 그 경중에 따라 심하면 목숨을 잃는 일도 충분히 생긴다.

그런 강한 면역력을 가진 피부를 든든하게 가지고 있기에, 특별히 상처만 나지 않는다면 인간을 넘어서 많은 종들이 어느 정도 외부 세계와의 접촉을 그리 멀리 할 필요는 없다. 그렇다면 피부가 지금보다 몸을 더 철저하게 둘러싼다면 병에 걸릴 가능성이 훨씬 더 줄어들지 않을까? 맞는 말이다. 우주복같이 튼튼한 피부가 신체의 바깥 면을 완전히 장악해버리면 외부의 나쁜 균들이 체내로 들어올 여지는 줄어들다 못해 아예 없어져 버릴지도 모르겠다.

그런데 그런 물질도 생명체인지는 한번 고민해 볼 필요가 있다. 화성 탐사선이 화성에 생명체가 있는지 없는지 알아보기에 앞서, 생명체가 과연 무엇인지에 대한 논의가 선행될 필요가 있었고, 그때 내린 정의 중 하나로 생명체는 외부 환경에 끊임없는 영향력을 주고받는 존재라는 것이었다.

이성이나 사고, 움직임, 그리고 성장, 노화는 물론이고 호흡, 소화, 흡수, 배설 등의 생체 작용은 사실 끊임없이 생명체를 둘러싼 주위 환경과 많은 영향을 주고받는데, 이것이 바로 생명체의 특징이자 정의라는 것이다. 피부가 전신을 둘러싸 외부 세력의 침입을 완벽하게 막는 것까지는 좋지만 내부의 물질들을 외부로 배출할 기회조차 박탈한다면 이는 돌멩이와 같은 무생물과 뭐가 다를까?

인체를 관찰해보면 내부와 외부를 연결해주는 여러 통로가 있다. 숨을 쉬는 호흡기, 음식과 수분을 섭취하고 배설하는 소화기와 비뇨기, 외부의 정보를 머리로 보내어 판단하도록 만들어주는 눈과 귀, 코와 같은 특수 감각기 등이 대표적이다. 외부와 내부가 서로 소통하는 곳들이니 외부 균들이 침입하기에도 안성맞춤인 곳이 여기이고, 자연스럽게 질병과도 깊은 연관성을 지니는 곳들이다(이와는 상대적으로 외부에서 내부로 들어오는 모든 것을 철저하게 차단시키는 뇌나 심장과 같은 부위는 세균이나 바이러스와 같은 외부 물질에 의해 감염이나 전염될 가능성은 상당히 낮은 편이다).

그 중에서도 소화기는 음식물을 섭취하고 내보내는 기관이니, 상한 음식이 체내로 들어와 이상 증상을 일으킬 가능성이 높은 기관이다. 배가 아파 본 경험은 누구나 가지고 있다. 하루에 수십 번 이상 외부 물질들이 입이라는 소화 기관을 통해서 체내로 들어갈 기회를 가진다. 이를 다르게 표현하면 하루에도 수십 번씩은 감염에 노출되는 기관이 바로 소화 기관이라는 뜻이다. 그런데, 이런 소화 기관조차도 감히 비교도 되지 않을 만큼 높은 빈도의 외부 물질들이 내부로 통하는 길이 있는데 이가 바로 호흡 기관이다.

호흡은 1분에 최소 15회를 한다. 한 번 숨 쉴 때 외부의 공기는 편도를 거쳐 기도로 대기관에서 기관지, 세기관지를 통과해 폐실질 세포까지 충분히 도착한 후 비로소 산소와 이산화탄소의 교환이 일어나는데, 이런 횟수가 1분에 15회씩만 되어도 하루에 2만 번 이상 외부 세력이 폐의 가장 깊숙한 부분들까지 들어올 기회가 생겨버린다.

자연히 편도, 인두, 후두 등의 상부 호흡 기관이 각종 질병에 취약한 기관이라고 생각해도 무난하다. 실제로도 호흡기 질환은 가장 일반적인 감기라는 친숙한 이름으로 우리 곁에 아주 오래 전부터 자리 잡고 있다. 반면 너무 침입이 잦은 상황이니 우리 몸 또한 여기에 익숙해졌다. 감기에 걸리면 특별한 이변이 없는 한 우리 몸의 방어 체계인 면역 작용은 아주 능숙하게 이들을 처리해내고 그리 오래 걸리지 않아 다시 건강한 평상 상태로 몸을 돌려놓는다.

환자들을 가장 자주 만나는 직업인 의사들에게도, 가장 흔하고 많은 질병의 하나가 감기라는 사실은 부정하기가 어렵다. 그런데 아이러니하게도, 감기라는 질환은 의사들의 훈련 양성 기관인 의과 대학에서는 그리 깊게 다루지 않는다. 의대 교과서에 나오는 중요한 질환들은 사실 하나같이 목숨을 좌지우지하는 치명성 질환 또는 굉장히 오랫동안 인간을 괴롭히는 만성 질환, 그리고 촌각을 다투는 응급 질환들이 대부분이다.

감기는 사실 그리 급하지도 않고, 위험하지도 않는 상대적으로 뒤로 밀리는 질병이기에 뒷전일까? 감기보다 훨씬 더 위중해서 연구가 시급한 질병들이 너무 많은 것이 현실이다. 감기 환자가 응급실을 찾으면 푸대접받는 상황과 같은 맥락이기도 하다.

그래서 개원가의 의사들에게 감기라는 질병은 사실 굉장히 다양한 치료법들이 있기도 하다. 의사의 진료권 중 많은 부분은 경험적으로 획득되는 지식이기도 하니까.

환자가 기침이나 콧물, 두통과 근육통과 같은 감기 증상을 호소하며 병원을 찾으면 의사는 언제부터 증상이 있는지, 어떤 양상인지, 얼마나 자주 생기는지, 일상 생활은 괜찮은지 직접 물어보는 문진을 한다. 그리고 체온을 재고 혀를 설압자로 눌러 목 입구와 내부를 관찰하고 폐의 숨소리를 직접 청진기를 대고 들어보는 등의 임상 증상을 객관적으로 측정하고 기록하고 이에 합당한 주사나 약, 그리고 또 다른 다양한 것들을 치료 방법으로 제안한다.

감기 환자는 환절기철과 겨울철에 많고 상대적으로 여름에는 적은 계절성 질환이기도 하니 개원가에서는 감기 환자들의 숫자가 의사의 일을 늘여주기도 줄여주기도 하고, 이에 비례해서 수입도 들쭉

날쭉하게 만들어준다.

　내가 일하는 현대자동차 의무실에서도 보통 환자가 이곳을 찾는 이유 중 하나가 주로 감기였기에 늦가을과 겨울 초봄의 환절기 때에는 환자 수가 하루 평균 70명까지 늘어났다가도 5월부터 9월까지 하절기 때는 급속하게 그 수가 줄어드는 상황이 초래되기도 했다.

　감기 증상을 호소할 때 주는 약은 주로 해열 진통제와 진해 거담제, 콧물약, 위장약 이렇게 구성된다. 가끔 목이 많이 붓거나 깊은 통증을 호소하는 환자들에게 항생제를 처방하기도 한다. 현재 증상도 증상이지만 앞으로 더 진행하지 않도록 하기 위해서 항생제를 환자들이 먼저 요구하기도 한다. 사실 이런 환자들은 굉장히 부담스럽다.
　감기에는 사실 항생제가 어울리지 않는다. 감기는 주로 바이러스가 편도나 상기도 등에 침투해서 나타나는 증상을 말하는데, 항생제는 이런 바이러스를 치료해주는 약과는 거리가 멀다. 항생이라는 단어는 바로 세균과 맞서 싸운다는 의미이니 말이다. 세균은 아주 옛날부터 그 존재에 대해 이미 알고 있었기에 항생제는 1928년 페니실린이라는 이름으로 개발된 것을 시작으로, 현재까지 무수히 많은 종류의 항생제들이 나오고 있다. 그에 반해 바이러스는 세균보다 1000배 이상 작은 크기인 데다 그 존재를 안 것도 불과 20세기에 들어와서였고, 현재까지도 바이러스의 정확한 정의를 내리는 것조차 우왕좌왕하는 상황이다.
　세균은 우리말이지만 바이러스는 영어다. 이에 해당되는 우리말이 존재하지도 않는 상황이라는 것 또한 바이러스의 존재가 알려진 지는 그렇게 오래 되지 않았다는 반증이기도 하다. 안타까운 현실일까? 아직까지 바이러스 치료약은 개발되지 않았다. 아마 이것이 나온다면 노벨 의학상은 따놓은 당상일지도 모르겠다.

감기는 틀림없이 바이러스에 의한 질환이니 이 감기에 항생제를 처방하는 것은 무의미하다. 그런데 많은 의사들이 감기에도 항생제를 주는 이유는 무엇일까? 감기는 바이러스 질환이지만 단시간에 낫지 않고 점점 더 악화되어 폐렴으로 발전되는 상황도 있을 수 있다. 이를 염려해서 예방적 항생제를 투여하는 인습이 분명 없지는 않다. 또 경험적으로 감기 환자에 항생제를 투입했더니 빨리 낫는 것 같은 느낌이 있다. 둘 다 분명 과학적이지 않은 이유이다. 한 가지 더 보탠다면 환자도 항생제를 원하니 의사 입장에서 공을 환자에게로 넘기며 처방해 주기도 한다.

그렇지만 감기에 항생제를 복용하는 것은 틀림없이 말려야 한다. 오히려 항생제에 너무 자주 노출되니 약의 내성만 증가시켜줄 뿐이고, 부작용만 초래되는 상황이다.

20대의 한 젊은 직원이 종종 감기로 내가 있는 의무실을 찾았다. 건강해 보이는데도 감기에 자주 걸리는 것 같았고, 그렇게 약을 너무 많이 복용하는 듯 보였다. 한번은 그 직원에게 감기에 걸려도 약을 먹지 말고 다 나을 때까지 한번 참아보라고 했다. 한참 젊은데 약을 많이 먹는 것 같아 살짝 안쓰러운 마음에서 한 말이었는데, 그 직원은 그런 나의 제안을 굉장히 신선하게 느끼는 듯 보였다. 본인이 지금까지 수도 없이 많은 병원을 방문했는데 어떤 의사들도 그렇게 말해주는 사람이 없었다며 꼭 한번 그렇게 해보겠다고 했다. 미소를 그리며 약을 받아가지 않고 자리를 떠났다. 그의 순진하고 밝은 얼굴이 내 마음을 참 따뜻하게 만들었다.

그 다음부터 그 환자가 감기로 의무실을 찾는 일은 없었다.

사실 감기약은 증상 완화제일 뿐이다. 감기에 걸리는 원인인 바이러스는 아직 치료약이 개발되기 전이니 기침이나 콧물, 근육통 같은 증상을 없애주는 약이 감기약인 셈이다. 그러니 약을 먹어도 실제로 감기가 낫는 것과는 전혀 무관하다. 단지 감기 증상을 완화시켜 환자가 좀 더 편하게 생활할 수 있도록 해주는 것일 뿐이다.

집에 어린 애들이 있거나 임신한 아내가 있어 빨리 나아야 하니 꼭 약을 독하게 지어 달라거나 주사 한 대 꼭 맞게 해달라는 부탁을 하는 환자들이 사실 너무 많은 현실에 조금 놀라기도 했다. 감기약을 독하게 먹는다고 면역력이 약한 어린 아이에게로 감기 바이러스의 전염력이 줄어들지는 않는다. 주사제도 매한가지다. 증상 완화제인 약을 입이라는 소화 기관을 통해서 체내로 흡수시키는지 혹은 엉덩이의 근육을 통해서 체내로 흡수되는지의 차이만 있을 뿐 주사제도 별 차이 없는 증상 완화제다. 다만 주사제는 약보다 체내로 흡수되는 시간이 짧아 효과가 빨리 나타난다는 특징이 있지만 이를 다르게 말하면 그 효과가 빠른 만큼 오랫동안 지속되지 않고 더 빨리 소멸되어 버리는 것이 주사제의 한계이기도 한다. 그리고 우주복 같은 피부를 직접 찌르고 들어와 체내에 약을 투여시키니 감염의 우려도 있고, 근육에 놓아야 하는 주사제를 혈관이나 신경에 직접 찌르는 부담도 감당해야 하는 부담도 있다.

조금이라도 아프면 병원을 찾는 환자들이 많다. 의사의 한 사람으로서 환자들이 그토록 병원과 의료인들을 믿고 의지하고 있으니 참으로 감사할 따름이다. 그런데 의학은, 현대 의학은 환자들의 눈높이처럼 그렇게 높은 수준을 보여주지 못하는 상황이 많다. 감기에 걸려서 기침과 콧물, 발열과 두통, 근육통, 인후통 등으로 일상 생활을 영위하지 못할 정도의 곤란한 상황이 아니라면, 병원에 가지 말고 아무런 약이나 주사제도 내 몸에 투여하지 말고 그만 아플 때까지 한번 참아보라고 권하고 싶다. 증상 완화제를 먹어서 남는 것은 약에 대한 의존도를 높이는 것 뿐일지도 모른다. 차라리 이 정도 바이러스쯤이야 하는 스스로의 신체에 대한 강한 자부심으로 약에 대한 내성을 멀리하고 더 튼튼한 면역력을 만들어 장기적으로 훨씬 더 나은 내 육체를 가져보는 것은 어떨까 한다. 사실 나는 감기에 걸려도 약을 먹지 않는다. 10대 때부터 20대에는 실제로 감기에 잘 걸리지도 않을 만큼 건강했고 30대를 넘어 40대에 들어서서 가끔 드는 감기에도 휴식을 취하며 끝까지 이겨내는 습관을 가지게 됐다. 실제로 쓸데없이 고집 피워서 병만 키운다는 핀잔을 못 들어본 것도 아니지만, 그 약을 먹어서 그 약의 효과로 인해 내 몸의 감기라는 질환이 나아지지 않는다는 사실을 잘 알고 있기 때문이기도 하다.

사람들은 의학에 대해서 잘 모르고 관심도 없다. 그만큼 신비한 느낌이 들기도 한다. 어떤 원리로 이 병에는 이런 약이 사용되는지는 모르지만 아무튼 저 약을 먹으면 내 병이 말끔하게 낫는다는 일종의 맹신을 조금씩은 가지고 있다. 아는 것이 힘인지 모르는 것이 약인지 혼동될 때도 있지만 감기약을 너무 자주 복용하지 말아야 한다는 사실만큼은 확실히 알아두었으면 하는 바람이다.

현대자동차 노조에 대한 단상

 현대자동차에 입사하기 전부터 그곳에 다니는 초등학교 동창 녀석에게 현대자동차라는 회사에 대한 이야기는 이것저것 많이 들었다. 그 친구는 성격이 밝고 사회성이 좋아 주위에 사람들이 많은 편인데, 이들에게 자기 직장에 대한 자부심을 종종 드러내는 모습을 보였다.
 명절을 며칠 앞둔 어느 날에는 이제 하루만 근무하면 7일을 연속으로 쉰다거나, 오랫동안 연속 근무한 본인같은 사람들에게 포상으로 독일로 해외여행을 시켜준다거나, 현대자동차를 사는데 구매 조건에 제법 높은 할인 기능이 있다거나 하는 자랑을 은근히 했다. 물론 흉도 본다. 묻지도 않은 다른 제조업 회사의 근무 여건을 현대자동차와 비교하면서 거기는 엄청나게 좋은데, 여기는 별로라고.
 자랑이나 욕은 사실상 같다. 사랑의 반대말은 미움이 아니라 무관심인 것처럼 자신의 직장이 좋고 애정이 있으니 자랑도 하고 욕도 하는 거다. 아무런 관심이 없다면 아마 본인 직장과 직업에 대해서 일언반구도 내뱉지 않는 것이 정답일 테니까.

그 친구가 은근슬쩍 자신의 연봉을 이야기 해준 적이 있는데, 내색은 하지 않았지만 깜짝 놀랐다. 거의 9천만 원에 육박했다. 물론, 한 주씩 교대로 새벽부터 출근하고 또 밤늦게까지 일하는 데다, 주말도 반납하고 잔업을 할 때도 있다. 냉난방기가 잘 가동되는 밝고 쾌적한 사무실에 앉아 컴퓨터로 작업하는 사무직 근로자도 아닌, 땀과 기름 냄새에 찌든 작업복을 입고 온몸을 써가면서 일하는 현장직 노동자의 특징상 산업 재해에 노출될 위험성도 크고 분진과 소음에 시달려야 하는 열악한 환경에서 10년이 넘도록 묵묵히 일해 온 대가이기도 할 거다.

그렇지만 아무리 노동자 입장에서 생각해도, 특별한 기술이나 학력, 자격 없이 시키는 대로 움직여주는데, 연봉이 9천만 원에 육박한다는 사실은 참으로 놀랍다. 20년씩 근속한 근로자들은 당연히 연봉이 1억 원이 넘어간다고 했다.

굉장하다. 실제로 신문지상에 현대자동차 근로자들의 평균 임금은 9천 8백만 원이라고 한다. 평균이라는 것은 이제 갓 입사한 1년 차 직원과 30년 근속하고 다음 달 정년퇴직을 앞둔 고참 직원의 연봉을 평균한 값이라서 현실적인 연봉과는 괴리감이 크다고 하지만 그래도 너무 대단하다. 어떤 사람들은 이렇게 오해하기도 한다. 평균 임금이 9천 8백만 원이라는 것은 일부 최상위 경영자들의 엄청난 연봉을 합쳤기 때문에(실제로 현대자동차 정몽구 회장은 2016년 한 해 동안 연봉으로 92

억 원, 배당액으로 811억 원, 모두 903억 원을 받았다) 나타난 수치상 평균일 뿐이지 실제와는 거리가 멀다고. 그치만 이것은 정말 제대로 된 오해를 넘어서 거짓된 사실일 뿐이다.

말 그대로 근로자들의 평균 임금이 9천 8백만 원이라는 거다. 근로자는 경영진으로 구성된 이사급 직원들을 제외한 부장급 이하 직원들만 뜻한다. 만약 현대자동차 모 부장이 이사로 승진하게 된다면, 그 사람은 지금까지 근로자로서 납부했던 퇴직 적립금은 다 돌려받고, 근로자 신분에서 졸업하고 새롭게 이사로, 즉 경영진으로 출발하게 된다. 이는 물론 계약직이다. 1년 후에 계약 갱신이 되지 않아 해고되더라도 근로자로 취급되지 않기 때문에, 아무도 도와줄 수가 없다(실업 급여도 받지 않을지도 모르겠다). 현대자동차 CEO인 정몽구 회장은 연간 1천억 원 가까이 벌고 있지만 이런 경영진은 물론이고, 이사급 이상부터는 근로자에서 아예 배제시킨 것이 근로자 평균 연봉이다. 그것이 9천 8백만 원이라면 실제 15년 차 정도 되는 노동자의 연봉이 9천 8백만 원이 되는 셈이다.

물론 그 돈을 매달 820만 원씩 받는 것은 아니다. 매달 지급하는 기본급은 이에 비하면 보잘 것 없이 작다. 소득세와 4대 보험료를 모두 공제한 이유도 있지만 연봉이라 함은 명절이나 휴가철 지급하는 각종 보너스와 다양한 이름의 수당과, 가을부터 연말에 걸쳐 나눠받는 성과급이 많은 퍼센트를 차지하기 때문이다. 가을과 연말까지 받는다는 성과급은 기대 외로 상당히 많았다.

연봉 외에도 현대자동차 노조는 많은 혜택이 있다. 본인이 아파서 병원에서 치료받는 금액은 전액 회사가 지급해주며 직계 존비속과 같은 가족은 50퍼센트까지 지급한다. 자녀가 유치원생이거나 고등학생이라면 교육비도 회사가 따로 지급하며 대학생은 4년제 6년제를 가리지 않고 또 몇 명이든 할 것 없이 등록금은 전액 회사가 대신 내준다. 직원이 현대자동차를 구매하면 최대 30퍼센트까지 할인도 해주고 이는 자동차 취득세 감면으로도 이어진다. 10년 근속 시, 순금 메달 감사패나 해외여행 같은 혜택이 있으며 그 밖에도 그룹 차원에서 숙박권 할인, 타 계열사 할인 등 다양하다.

빛이 강하면 그림자도 짙은 법일까? 이런 강력한 혜택들 속에서 현대자동차 노조는 국민들의 따가운 눈초리를 받는다. 강성노조의 낙인이 떼려야 뗄 수 없는 이미지 속에서 해마다 어김없이 벌어지는 파업과 노사 분규는 항상 언론의 집중포화를 받기도 한다.

혜택이 저렇게나 많은데, 뭘 또 그리 받고 싶은 게 많은지 허구헌 날 파업이나 해대니 더 열악한 협력업체 직원들은 진짜로 죽어나고, 나라 경제도 엉망이 된다고, 그런 비난을 상당히 많이 받는다.

나도 현대자동차 노조에 대해 자세한 인식을 갖기 전까지는 그렇게 생각했었다. 2016년 현대자동차 노조는 사측에 승진 거부권을 요구했는데, 이는 전 세계에서 유래를 찾아보기 힘들 정도의 독특한 요구라는 말들이 나왔다. 직장인이라면 누구나 하고 싶어하는 것이 승진이다. 본인이 속한 조직에서 스스로 인정받고 있다는 반증이며 이로 인한 임금 인상과 높은 권위와 지휘는 자연스레 뒤따라오는 대표적인 성과가 승진인데, 현대자동차 노조에게는 승진마저 필요없다는 거부권을 요구한다니. 빨리 승진해서 간부급으로 노조에 속하지 못하고 그 혜택을 포기하는 것보다, 차라리 말단이지만 속 편하게 잘리지 않고 각종 혜택 누리면서 오랫동안 한 직장에 근무하는 것이 더 나은 것일까? 그 정도로 현대자동차는 매력적인 직장이라는 것인가?(실제 2016년 대학생들을 대상으로 조사한 가장 일하고 싶은 직장에서 현대자동차는 삼성전자를 제치고 1위를 차지한 바 있다)

예전에는 대학에 떨어진 자녀가 있으면 위로금을 지급해달라는 요구가 노조에게서 나왔다고 했다. 대학 등록금을 무조건 다 지급해주니까 대학에 갈 실력도 없고 관심도 없는 애들도 무조건 아무 대학이라도 보내어서 등록금을 받는 사람도 있으니, 차라리 대학에 가지 않겠다고 선언해 버리는 자녀에게 회사가 4년치 등록금의 절반 정도를 위로금으로 지급해 주는 것이 양측에 다 좋지 않겠는가? 하는 그런 요구안 같았다.

과정이야 어떻든 간에 둘 다 받아들여지지 않았고, 그럼에도 결과적으로 노조는 본인들의 대표가 타결해낸 협상안을 받아들였다.

나는 의사라는 남들이 부러워하는 전문직 종사자이지만, 직업에 대한 고민과 스트레스가 굉장히 많다. 전문직이기에 쉽게 취직이 된다는 장점이 있는 반면, 쉽게 해고당한다는 단점도 내포하고 있다. 사실 의사들에게는 한 곳에 3년 이상 봉직하면 안 되고 5년에 3군데 직장을 평균적으로 옮겨 다닌다는 말도 있다. 나도 크게 다르지 않다.

근로자는 누구나 이직에 대한 스트레스가 크다. 나도 이직에 대한 스트레스가 제법 큰 편인데, 보통 근로자들의 그것은 그야말로 상상을 초월할지도 모르겠다. 그러니 현대자동차에 근무하는 근로자들은 얼마나 좋을까? 절대 해고당할 염려가 없는 곳이고, 해마다 비슷한 일을 특별한 문제없이 계속하기만 하면 임금은 계속 올라 15년 정도만 있으면 억대 연봉자가 되고 각종 혜택은 부지기수로 있는 데다, 또 수많은 동기, 선후배들과 오랫동안 자연스러운 친분을 유지하는 그런 직장이 이곳이니 말이다.

그런데도 이 현대자동차 노조들은 뭐가 그리 불만인지 해마다 강성 파업을 이끌어내고 또 저렇게 물가상승률과는 비교도 되지 않을 정도의 높은 인상율의 연봉을 요구하는 것인지, 정말 잘못되어도 한참 잘못된 것은 아닐까?

그런데, 한 가지 이상하고 오묘한 점들이 있다. 현대자동차의 그 수많은 근로자들의 평균 임금이 무려 1억에 육박할 정도로 현대자동차는 엄청난 돈을 직원들의 인건비로 사용하는데, 그 돈은 대체 어디서 나오는 걸까? 자동차 회사니까 당연히 자동차 팔아서 버는 돈에서 나오겠지. 그럼 현대자동차 직원들의 인건비가 비싸니까 현대에서 만드는 자동차들의 가격도 비쌀까?

그런데 결과적으로 그건 아니다. 해외에서 수입해오는 차는 말할 것도 없고 국내의 다른 자동차 회사인 쌍용이나 삼성르노, GM 쉐보레에서 나오는 동급 차량의 소비자가는 현대자동차와 비교해도 별반 차이가 없다. 오히려 현대자동차보다 더 비싸면 비쌌지 절대 싸지가 않다. 아무리 옵션을 더하고 빼고 다시 계산해보아도 비슷하다. 그럼 현대에서 생산되어 팔리는 자동차는 다른 회사 것보다 품질이 더 떨어질까? 그럴 리도 없다. 나 역시도 현대자동차를 10년 넘게 타온 고객 중 하나지만 차에 대한 특별한 지식이 없이 별다른 관리 없이도 잔고장 없이 매끄럽게 잘 이용해 왔다. 단지 내가 운이 좋아서인가? 내 주위에 맹목적으로 현대자동차를 욕하는 사람은 있어도 뚜렷하고 조리 있게 차 기능이나 성능이 다른 회사의 자동차와 비교해서 떨어진다고 말하는 사람은 그다지 본 적도 들은 적도 없다.

틀림없이 쌍용이나 쉐보레에서 일하는 근로자들의 연봉은 현대기아자동차보다 훨씬 떨어진다. 차를 팔아 받는 돈은 비슷한데, 직원들에게 지급하는 인건비가 확연한 차이가 난다면 그렇게 초과 지급되는 직원들의 인건비는 과연 어디서 온 것일까?

굉장히 많은 부분에서 미세한 차이가 있을 거다. 전문가도 아니고 자동차 경영학자도 아닌 내가 그것까지 일일이 조목조목 따지기는 힘들고 불가능하겠지만 그나마 내가 짐작하는 차이라면 현대자동차는 워낙 예전부터 울산의 이 광대한 부지를 차지하고 공장을 일으켰으니 타사보다 적은 비용의 부동산 관련 지출도 하나의 원인이 아닐까 짐작하기도 한다. 다른 이유도 많겠지만 내가 아는 것은 이 정도뿐이다.

현대자동차의 강성 노조가 있었기에, 일부 경영진으로 갈 엄청난 부가 수많은 근로자에게로 돌아간 것은 아닐까? 울산에서 가장 번화한 곳은 삼산동이다. 백화점과 호텔, 쇼핑점, 식당과 각종 유흥점들이 밀집해 있는 곳인데, 현대자동차와 지리적으로 매우 가까운 곳이다. 사실 이곳이 급속하게 개발된 시기는 그리 오래되지 않았는데 공교롭게도 현대자동차가 세계적으로 위세를 떨칠 때와 비슷한 편이다.

현대자동차의 이익이 커질수록 그 안에서 근무하는 근로자들도 많은 연봉 인상과 성과급이 생겼는데, 이는 당연히 울산이라는 광역시 전체에 퍼져나가게 되었다. 요즘도 연말만 되면 현대자동차 직원들의 회식 자리로 주변 식당은 엄청난 매상들을 올린다. 성과급을 지급하는 시기가 오면 도시 전체가 불야성을 이룬다. 근거는 미흡하지만 울산의 가장 번화하고 높은 지대를 자랑하는 삼산동이라는 지역도 현대자동차의 호황과 높은 상관관계가 있지 않을까?

경기를 살리는 방법은 크게 두 가지가 있다. 돈 많은 일부 사람들이 돈을 더 많이 벌게 되면 이로 인해 더 많은 사람들을 고용하게 되어서 경기가 좋아진다는 낙수 효과와, 이와 대조적으로 부자가 아닌 가난한 많은 사람들에게 정부와 사회가 복지 차원에서 돈을 나눠주게 되면 그 돈들이 소비로 이어져 이로 인해 전체 경기가 좋아진다는 분수 효과가 그것인데, 현대자동차의 강성 노조는 울산 지역 전체의 분수 효과를 누리게 만들어준 결정적 계기가 된 것은 아니었을까?

울산은 우리나라에서 1인당 지역소득GRP이 가장 높은 지역이며 꼴찌를 도맡아 온 대구와 비교하면 거의 두 배 이상의 차이가 난다. 우리나라의 1인당 GDP는 이제 겨우 3만 달러 고지를 점령했다고 하지만 울산은 이미 오래 전 나 홀로 4만 달러 시대를 연 지 오래다. 전국에서 가장 잘 살고 돈 많은 지역이 울산이 된 이유 중에 현대자동차의 빼어난 경영 성과가 큰 몫을 차지하고 있음은 틀림없다.

현대자동차의 강성 노조도 도시 전체의 분수 효과를 선도해온 큰 주체가 아닐까 생각되기도 한다. 경영진의 뛰어난 성취로 인한 막대한 순이익을 강성 노조가 소수 경영진에게로만 흘러가는 것을 막고 수많은 근로자들에게 배분을 요구하고 이뤄냈으니 그런 효과가 도시 전체로 파급되지 않았을까 말이다.

누가 보아도 확실한 증거나 근거 자료를 제시할 만한 능력을 아직 가지지 못했다. 그래서 위 내용이 실은 사실이 아닐지도 모르겠다. 그렇지만 현대자동차 노조를 나쁘게만 바라보다가 그렇지 않게 만들어 준 계기가 되었다는 것은 확실하다.

세상의 그 어떤 것도 한쪽 면만 있는 것은 없고, 장점과 단점을 동시에 가지고 있을 테니 말이다. 해마다 현대자동차 노조는 사측에 물가 상승율을 훨씬 상회하는 높은 임금 인상안과 부수적인 다른 요구안들을 제시한다. 그렇게 그 두 세력은 짧지 않은 기간 동안 머리를 싸매며 협상 타결에 이르기 위해 노력하고, 이를 취재하는 수많은 언론들은 두 눈을 부릅뜨고 지켜보고 실시간 보도자료를 낸다.

현대자동차 노조는 귀족 노조니, 강성 노조니 하는 비아냥도 많고 안티 세력도 상당하고 그 이미지도 사실 그렇게 좋지는 않다. 그렇지만 현대자동차가 전 세계적으로 높은 경영 성과를 내어서 만들어지는 그 달콤한 혜택은 반드시 경영인들만 누려야 하는 것은 아닌 듯하다. 때로 그 요구안이 너무 높아서 상대적 박탈감을 느낀 국민들의 비난도 듣지만, 그들이 있으니 전국에서 가장 소득 수준이 높은 울산이라는 지자체도 생겨나지 않았을까 하는 생각도 든다.

정말로 세상 어떤 일도 장점과 단점이 존재하는 법이고, 그 둘은 참 비슷한 의미를 가졌다는 생각이다.

독감 예방 접종

해마다 10월이 되면 무더웠던 여름은 이제 기억 저편까지 밀어내고, 점점 낮아지는 기온과 찬바람을 느끼며 사람들은 겨울에 대한 준비를 하기 시작한다. 원시 시대는 말할 것도 없이 농경 시대에 접어들어도 겨울은 얼마나 나기 힘든 혹독한 시절이었을까?

난방과 더운 물을 자유자재로 사용하고, 가스렌지나 전기밥솥 등의 조리 기구로 매 끼니를 해결하며 세탁기가 빨래와 건조까지 알아서하고 자동차나 다른 교통수단을 이용하는 현대인들의 편리성은 불과 100년 전까지만 해도 20명의 하인들이 하는 일과 비슷하다고 한다. 그만큼 편리해진 현대의 물질문명이지만, 과거보다 오히려 더 나빠진 것도 있으니 바로 인체로 들어오는 새로운 병원체들이 예전보다 비교도 할 수 없을 만큼 훨씬 많이 나타난다는 사실이다.

최근에는 사스나 신종 플루, 메르스 등 기존의 학명조차 없어 새롭게 이름을 만들어내는 과정까지 거친 생소한 질병들이 거칠게 지구를 뒤덮고, 이에 따른 불안증까지 덤으로 가지게 되었다. 그래서인지 해마다 10월에는 독감 예방 접종과 관계된 환자들이 넘쳐난다.

독감은 말 그대로 독한 감기이다. 감기는 콧물이나 기침 등을 유발하는 바이러스에 의한 호흡기 질환인데, 독감은 이 감기가 그 증상이 더 심하게 나타나는 독한 감기를 일컫는 말이지만, 또 다른 의미로는 인플루엔자 바이러스에 의한 감기를 독감이라고도 한다. 인플루엔자 바이러스에 의한 감기는 발열이나 근육통 등을 동반해 일반 감기보다 훨씬 더 독한 경향을 띠기도 하는데, 전염력 또한 강해진다. 앞서서도 말했듯이 감기는 바이러스에 의한 질환이어서 아직까지 특별한 치료제는 없다(타미플루라는 항바이러스제가 최근에 만들어졌지만 항바이러스의 종류는 그다지 다양하지 않으며 광범위한 종류를 가진 항생제에 감히 비할 수 없을 정도다).

독감 예방 주사는 이 인플루엔자 바이러스에 의한 감기를 사전에 예방하고자 맞는 백신이다. 인플루엔자 바이러스는 기온이 내려가는 겨울철에 유행하기 쉬우니 10월 즈음부터 예방 접종을 하는데, 이를 맞으면 감기는 전혀 걸리지 않는다는 것으로 오해하는 사람들이 많은 듯하다.

사실 감기를 유발하는 원인은 한두 가지가 아니다. 감기라는 병명 또한 관습적인 이름에 불과하기에 정확한 진단명에 속하지도 않는다. 따라서 겨울철 감기와 비슷한 증상을 나타내는 원인은 수도 없이 많을 수밖에 없다. 실제로 성인들에게 많은 원인이 되는 감기 바이러스는 리노 바이러스와 코로나 바이러스다. 독감 예방 주사를 맞으면 인플루엔자에 의한 감기를 예방하는 것이니 인플루엔자 바이러스를 제외한 다른 원인에 의한 감기는 사실상 차단이 불가능하다.

"저 지난주에 여기 와서 독감 예방 접종 맞았는데, 그거 맞자마자 일주일도 안 돼서 감기 걸렸잖아요!"

이런 불평을 토로하는 환자들은 적지 않다. 그때 맞은 독감 예방 접종 주사가 혹시 가짜는 아니냐는 그런 의심에서 온 불만일까? 그렇게 따져 묻는 환자들에게 독감 예방 주사는 사실 모든 감기를 예방하는 주사가 아니고, 따라서 소위 감기라고 말하는 증상에 전혀 걸리지 않게 해주는 것이 아니라고 설명하지만, 이를 곧이곧대로 듣는 환자는 극히 드물다.

"그거 맞아도 감기에 걸린다고요? 그럼 왜 맞으라고 했는데요!"

예방 접종을 하는 이유는 인플루엔자 바이러스를 예방하고 이로 인한 급성 폐렴으로 갈 가능성을 조금이라도 줄이는 것이 목적이다. 물론 그것을 맞는다고 완벽히 예방할 수는 없지만, 아무것도 하지 않고 가만히 있는 것보다는 좀 더 나은 결과를 기대할 수 있으니 맞는다고 생각할 수 있다.

현대자동차에서는 가을에 직원들에게 무료로 독감 예방 접종을 해준다. 그러다보니 10월에는 엄청난 환자들이 물밀 듯이 몰려오고, 자연스레 대기 시간이 길어져 이를 못 견디고 언성을 높이는 환자들도 종종 나타난다. 하루에도 몇백 명씩 그들을 만나고 대화를 나누고 짜증을 받아주고, 그런 시간들을 보낸다. 그러다 보니, 사실 한 명 한 명의 환자들에게 그다지 예방 접종에 관한 자세하고 긴 설명을 해 주기가 힘들어지기도 한다.

가을철 독감 예방 접종을 맞는 이유를 다시 설명하면, 인후통과 발열, 그리고 강한 전염력을 지니는 인플루엔자 바이러스에 의한 독감을 예방하고, 이로 인한 급성 폐렴으로 갈 가능성을 줄이는 것이 목적이다. 아주 건강한 사람이라면, 그래서 인플루엔자 바이러스 따위야 말로 아무렇지도 않게 없애 버릴 만한 강한 면역력을 가진 사람이라면 독감 예방 접종을 맞지 않아도 무관하다. 그렇지만 인간이 미래를 내다보는 것은 불가능하지 않는가? 어제의 내가 건강했다고 미래의 내가 여전히 건강하다는 확신을 가질 수가 없으니, 독감 예방 접종을 맞는 것도 괜찮다는 생각이다. 한 번 맞고 평생 효과가 있는 백신이 나오면 좋겠지만 아직은 그 정도 기술은 나오지 않은 것 같지만 그래도 참 대단한 성과임에 틀림없다.

독감 예방 접종을 한다고 모든 감기를 예방하는 것은 물론 아니다. 그리고 인플루엔자에 대한 예방 역시 100퍼센트 있다고 할 수도 없다. 왜 이런 설명은 쏙 빼놓은 채로 그냥 주사 주고 돈만 받냐고? 모든 설명을 다 하면 좋겠지만 현실이 그렇지 않은 것도 좀 이해해 줬으면 한다.

주식 이야기

 2008년으로 기억된다. 지금도 내 곁을 여전히 지키고 있는 아내와 결혼한 해이기도 하지만 그때 세계는 미국발 경제 위기 속에 우리나라의 주가도 곤두박질친 해였는데, 국내 내부 상황으로 인한 경제 위기가 아니라 미국에서 출발한 위기였기에, 조만간 떨어진 주가는 다시 회복하리라 낙관했던 시기였기도 했다. 당시 이명박 대통령도 비슷한 발언을 한 것으로 기억된다.
 그래서일까? 시골 개원의였던 나도 직접 투자에 관심을 가졌고 실행해보았다. 어렸을 때부터 경제에 관심이 많아, 의대 외에 차라리 경영학과나 경제학과 같은 경상 계열로 진학했어야 했는데 하는 후회와 아쉬움도 있었던 나였기에, 시간이 어느 정도 나는 공중보건의 시절에는 경제학의 바이블이라고 하는 『멘큐 경제학 원론』도 처음부터 끝까지 정독하며 그 내용을 이해하는 등, 경제 분야에는 끊임없는 관심을 쏟던 나였다(훗날 경영대학원 석사 과정에 입학하여 학위를 취득한다).

그랬던 나였지만 주식 투자라는 어느 정도 대중화한 경제에 참여하는 것은 증권사에서 주관하는 간접 투자 방식으로 해본 것이 다였고, 직접 내가 종목을 고르고, 살 시점과 팔 시점을 관련 정보를 수집해서 결정하고, 가장 큰 목적인 시세 차익을 실현한다는 것 자체가 그리 쉽지가 않았기에 계속해서 미루기만 하다가 그때에는 비로소 직접 투자를 한번 해보리라 결심을 하게 되었다.

역사는 우연히 만들어진다고 했던가? 직접 투자를 실행에 옮기는 것은 그리 오래 걸리지 않았고, 또 그리 깊은 생각을 요하지도 않은 채 시작해버렸다. 미국 월가 금융가에서 원숭이에게 손에 표창을 쥐여 주고 각종 주식 종목들이 적혀져 있는 판에 던지게 해서 맞추는 종목을 사서 그 수익률을 계산해 보았더니 유명한 펀드 매니저들의 수익률보다 더 낫더라는 이야기가 있다. 주식은 절대 예측이 불가능하고 그 아무리 열심히 공부하고 경험 많은 전문가라 할지라도 결과를 알 수 없다는 반증이리라.

그래서인지 그때나 지금이나 주식에 대해 나는, 주식은 오로지 도박의 성격이 워낙 강한 분야여서 운이 좋아 시세 차익을 얻을 뿐이지 자신의 지혜나 혜안의 결과와는 전혀 무관하다는 입장이다.

어쨌든 그 당시 현대중공업 주식을 100만 원어치 샀다. 내 기억에 한 주당 7~8만 원 선이었고 15주 가량을 샀던 것 같다. 코스피에는 1천 개가 넘는 종목들이 있고 그때에도 코스닥도 당연히 있었으니 자본주의 국가에서 유한 책임을 지는 정당하게 거래할 수 있는 종목들은 1천 4백여 개는 되었으리라. 그 중에서 왜 현대중공업을 골랐는지 특별한 이유는 없다. 아주 큰 배를 만드는 회사로 회사의 재정 상태는 탄탄하지만 국제적인 불황기여서 어쩔 수 없이 평가 절하되었다고 느껴진 주식이 마음에 든 것도 있었다. 하지만 가장 큰 이유는 현대자동차에 대한 여러 사적인 감정이었다. 나는 어렸을 때부터 정주영과 현대 그룹을 좋아했고, 비록 낙선했지만 정주영의 1992년 대선 도전을 어린 마음으로 응원했으며, 축구와 월드컵을 보면서 2002년 한일 월드컵을 유치한 정주영의 막내 아들 정몽준도 좋아하게 되었고, 그의 2002년 대선 도전도 지지했기 때문이다.

목표는 10퍼센트 차익이니 110만 원이 되면 팔려고 생각했고, 이 목표에 도달하는 시간에 대해서는 그다지 생각하지 않았다. 그렇게 주식을 태어나서 처음으로 직접 투자하게 되었고, 자연스럽게 현대중공업이라는 세계적인 대기업의 주주가 되었다. 운이 좋았다. 10퍼센트라는 목표 달성은 불과 반나절 만에 달성해버렸고 그렇게 짧은 시간 동안 주식이 생각대로 움직여 줬으니 기분이 날아갈 듯 좋았다. 산 지 불과 몇 시간 만에 10퍼센트나 오른 주식을 보면서 10만 원을 벌었다고 생각하니 그 누군들 좋지 않을쏘냐?

좀 더 들고 있고 싶었지만 그래도 처음 계획대로 냉정하게 팔고 내 계좌에는 110만 원 남짓의 금액이 찍혀 나왔다. 며칠이 흐른 후 투자할 만한 다른 종목을 찾게 되었다. 그렇게 내린 결정은 쌍용자동차, 이를 택하게 된 이유도 그다지 특별하진 않다. 현대중공업이 한 주당 10만 원에 가까운 우량주였는데, 이런 우량주를 사보니 100만 원이라는 적지 않은 돈을 투자하는 데도 고작 몇 주밖에 못 산다는 아쉬움에서 이번에는 좀 중저가 종목을 택하고 싶었던 것이 다였다. 쌍용자동차는 불과 1천 원 정도의 가격이었다. 그 당시 쌍용차는 노사 분규가 계속되고 차는 팔리지 않는데 국제적 경제 불황까지 와서 법정관리 중이었던 걸로 기억한다. 그렇지만 그런 사실을 자세히 모른 채 덥석 물었다.

이번에도 100만 원은 오로지 쌍용차 한 곳에만 들어갔다. 주식 투자에는 '계란을 한 바구니에 담지 말라'는 전통적인 포트폴리오 위험 분산론이 있지만 개인적으로 그다지 선호하는 방식은 아니다. 최소 10억 원 정도의 큰 금액을 투자할 때는 그렇게 해야겠지만 기껏 100만 원 정도의 소액 투자자에게는 계란을 여기저기 담아서 옷 전체를 다 버리느니 한곳에 담아 최악의 경우라도 바구니만 버리게 되는 게 더 낫지 않을까 하는 생각이다. 어차피 미래는 모르는 법이고 기댓값은 사실 똑같으니까.

15주를 샀던 현대중공업에 비해 쌍용차는 1천 주 가량을 샀으니, 이건 소액 주주 같은 느낌도 아닌 마치 경영 최일선에 뛰어든 것처럼 느껴졌다. 흥분도 잠시, 산 지 몇 시간 만에 올라버린 현대중공업과는 다르게 쌍용차는 별다른 기미가 보이지 않았다. 다시 되팔 수도 없고 그렇게 며칠 지켜봤다. 자기가 산 주식이 조금씩 오르고 내리는 것을 지켜보는 것은 정말 도박과 다를 바 없다. 오를 때는 재미있고, 내릴 때는 아쉽고 짜증나고.

어느 날 아침 평소처럼 네이버에서 쌍용차 주식 정보를 검색해서 그래프를 살펴보는데 모양이 좀 이상했다. 평소에는 작은 직선들이 뾰족뾰족한 모습으로 그려지는데, 그때는 90도에 가까운 거의 수직선이 길게 그어져 있는 거다. 엇? 저건 뭐지?

말로만 듣던 상한가였다. 당시는 15퍼센트까지만 인정되던 시기였는데, 시장이 개장하자마자 쌍용차가 상한가를 쳐버렸다. 웬일인가 싶어 검색해 보니, 법정 관리 중인 쌍용차가 법원에서 소멸 가치보다 존속 가치가 더 높다고 판단되어 회생 절차를 밟을 거라고 했다. 오오, 그래? 쌍용차의 상한가는 다음 날에도 또 다음 날에도 다음 다음 날에도 연달아 이어졌다. 덕분에 100만 원을 투자했던 나는 일주일이 되지 않아 200만 원으로 100퍼센트 인상되는 대박을 터뜨렸다. 일주일에 100퍼센트라니? 연간으로 치면 무려 6천퍼센트의 수익률과 같으리라.

10퍼센트의 수익률을 목표로 했는데, 목표치보다 10배의 초과 수익을 거두고 쌍용차에서 손을 털었다. 주식에 손댄 2주일 남짓한 시간 동안 100만 원을 투자해서 원금을 제외하고 110만 원을 벌었으니 과히 대단하다고 자평하며 특별히 자랑할 사람도 없었기에 아내에게만 실컷 떠들어댔다.

시간이 어느 정도 지났다.

그 후 현대중공업은 10퍼센트 차익을 올린 후 내가 판 가격의 무려 2배 이상 치솟았고, 쌍용차는 한 주당 1천 원에 사서 2천 원에 팔았는데, 내 결정을 무시하기라도 하듯 어느새 한 주당 1만 원 이상의 가치로 상승했다는 소식을 접했을 때는 씁쓸하기도 했다. 주식은 무릎에서 사서 어깨에서 팔라고 하는데, 이건 발바닥에서 사서 발등에서 판 것은 아닌가 하는 아쉬움마저 들었다.

다른 한편으로는 살짝 겁이 나기도 했다. 아무리 그동안 경제학에 관심이 있고 관련 기사와 신문 잡지, 그리고 경제학 원론 서적까지 독파했다고는 해도, 별다른 개별 기업에 관한 지식 없이 우연히 샀던 종목들이 저렇게 대박을 쳐서 짧은 기간 믿기지 않는 수익을 가져다 주었는데, 만약 주식으로 잘못되어버리면 말할 것도 없지만, 이와는 반대로 매일매일 초대박을 쳐서 돈방석에 앉는다면 그건 어떻게 되는 것일까? 지금까지 했던 것처럼 노동으로 인한 수입은 아무것도 아닌 듯 시시하게 느껴질 텐데, 그렇게 돈에 대한 내 가치관까지 깡그리 사라지는 게 아닐까 하는 불안감이 엄습해 왔다.

운이 좋아 첫 투자에 수익을 얻었지만 앞으로 계속 수익을 얻을 수도 없는 것은 자명한 이치인데 주식으로 돈을 잃는다는 생각을 하면 얼마나 고통스러울까?

그렇게 주식에는 더 이상 손대지 않기로 다짐했고, 실제로도 그 결심을 지켰다. 시간이 좀더 흐르고 수많은 주식 시장의 요동을 한 발짝 뒤에서 지켜볼 때마다 2008년의 생각을 다지기도 했다.

2016년 현대자동차에 입사하면서, 그 해 가을에 현대자동차 주식 10주를 성과급으로 받게 되었다. 한 주에 13만 원 가량 했으니 총 130만 원 정도의 가치를 지닌 주식을 받았다. 2008년 이후로 주식은 전혀 하지 않았는데, 이렇게 다시 직접 투자를 한 개미의 생활이 시작되었다. 주는 거니 일단 받기는 했는데, 이것을 어떡할 것인지 고민이 되었다. 과거처럼 10퍼센트 수익이 되었을 때 팔아야 하는가? 아니면 받자마자 되팔아서 현금화해야 하는가?

그런 고민 끝에 문득 배당이 생각났다. 주식들은 연말에 배당을 실시하겠지? 현대자동차 주식도 적지 않은 배당금을 지급한 전례가 있다. 한 주당 4천 원에서 5천 원까지 일괄 배당을 한다면 10주를 가지고 있으니 4~5만 원은 생기는 거겠네.

그래 배당 시점까지는 가지고 있자고 생각했다. 그게 보통 연말이니까 연말까지는 그냥 가지고 있자. 어차피 준 거니까 좀 떨어지더라도 너무 개의치 말고 말이다. 자연스럽게 그동안 전혀 관심도 없었던 현대자동차 주식 시세를 지켜보게 되었는데, 7만 명에 가까운 현대자동차 직원들에게 모두 주식을 줬으니 많은 사람들이 아마 받자마자 주식을 팔아치울 테고, 그러면 떨어지지 않을까 그런 생각을 했는데, 결과는 오히려 지속적인 오름세였다. 어차피 연말까지는 가지고 있어야 하니 내려도 별 상관 않으려고 했는데, 오르는 것을 보며 재미가 느껴지는 감정까지 숨길 수는 없었다. 13만 원 정도였던 주식은 15만 원까지 올랐고, 내가 가진 총액도 150만 원은 되겠네…… 이러면서 재미있게 지켜봤다.

배당 시점인 연말이 다가오면서 이제 팔까 했는데, 그냥 내버려뒀다. 사실 배당을 연말에 한다는 것은 그냥 어디선가 주워들은 것에 불과했고 연말에는 현대자동차 배당에 대한 정확한 뉴스가 나오리라 생각했는데, 내가 못 찾아서였을까? 별다른 소식을 보지도 못했고 그런 상황에서 배당을 못 받을지도 모르는데 함부로 팔 수도 없었다. 게다가 연초가 되면서 15만 원 정도였던 주식이 연달아 떨어져 다시 13만 원에 갔을 때는 일찍 팔아버릴걸 했나 하는 후회감과 다시 15만 원으로 될 때까지 기다리자는 오기까지 생겨 도저히 팔아야 한다는 생각을 할 수도 없었다.

2월 말이 되자 주주총회를 한다는 편지가 집으로 배달됐다. 참 신기하지, 어떻게 우리 집까지 이런 것을 보내주는 건지. 서울 본사에서 평일 오전 10시쯤에 총회를 한다고 했다. 서울의 돈 많은 투자자들은 이런데 참석해서 회의 구경도 하고 또 대접도 받고 하나 보다 싶었다. 그 편지에는 참여하신 분들께 선물은 지급하지 않는다는 문구가 있었는데, 주지 않는다는 말을 이렇게 일부러 할 정도로, 지금까지는 뭔가 주긴 줬구나 하는 생각으로 이어지기도 했다.

2017년 현대자동차 배당은 한 주당 3천 원으로 결정이 난 것 같았다. 2016년 실적이 그다지 좋지 않았으니까. 오랜 파업과 국제적인 불황으로 그동안 지켜왔던 글로벌 탑 5는 놓치지 않았지만 내수 시장에서 실패를 보고 이로 인해 매출액과 순수익이 동시에 감소된 해였기에 배당 역시도 전해보다 줄었든 셈이었다. 그래도 3만 원의 공돈이 생겼으니 그게 어디랴? 그동안 팔지 않고 잘 가지고 있었지 하는 대견함마저 들었으니.

2017년 3월 어느 날, 박근혜 대통령이 탄핵되고, 사드 배치에 반발한 중국의 우리나라 경제 제재 덕분에 분위기가 그다지 좋지 않았는데도 코스피 종합주가지수는 5년 만에 최고까지 올라갔고 삼성전자 주식은 연일 사상 최고가를 찍었다. 그때 글로벌 자동차 기업 중에서 현대자동차 주식이 가장 저평가되었다는 보도가 나와 외국인들의 대량 구매가 있었다고 했고 하루에 고작 500원에서 1천 원 정도씩 오르내리던 현대자동차 주식이 어떤 날에는 하루에 4천 500원 인상한 후 다음날 무려 1만 4천 원의 인상액을 나타내면서 17만 원까지 뛰었다.

아, 이제야 팔 때가 됐구나. 그렇게 미련 없이 팔려고 했다. 배당도 받았고, 13만 원에 얻었던 주식이 무려 17만 원까지 뛰었으니 170만 원 가량이 생긴 것이기도 했다.

그런데, 파는 방법을 까먹어 버렸다. 계좌 번호도 모르겠고 비밀번호도 기억이 안 난다. 게다가 비밀번호는 하나도 아니고 둘 같았는데, 몇 자리인지 영문, 숫자, 특수 기호가 다 들어가는지 영 기억이 잘 안 난다. 영업점까지 가야 하는 건지, 간다면 뭘 들고 가야 하는지, 언제 갈지, 막막하기만 하고 살짝 귀차니즘까지 발병하기도 했다. 그렇게 다시 일상으로 들어갔다.

그 후 현대자동차 시세는 하루 이틀 스물스물 떨어지기 시작하더니 사상 초유의 '세타2' 엔진 리콜 명령을 받으며 1조 원에 가까운 비용이 소모될 거라는 전망이 나오더니 주가가 다시 14만 원대까지 떨어져 버렸다.

결국 퇴직할 시점 나는 주당 14만 원을 간신히 넘는 금액으로 영업점을 방문해 직접 손을 털고 나왔다. 주식이 오르고 있으면 앞으로도 계속 오를 것처럼 보이고, 내리고 있으면 계속 내려갈 것처럼 보이는 것이 사람 심리인가 보다. 팔 때와 살 때를 잘 판단해야 하는데, 그건 뭐 사실 하느님만이 아시겠지.

2017년 5월 장미 대선이라고도 부르는 조기 대선을 할 때에는 우리나라 종합주가지수가 천정부지로 치솟아 올라, 사상 최고의 지수를 보였다. 현대자동차 주가도 덩달아 엄청 올라갔다. 역시 주식은 다시는 손대지 않으리라. 오르면 오르는 대로, 떨어지면 떨어지는 대로 아쉬움만 가져다 줄 뿐이니.

진통제

    허리나 옆구리, 어깨나 팔꿈치, 손목 등의 통증을 호소하는 직원들이 참 많다. 벨트가 돌아가며 1분에 한 대씩 자동차를 만들어가는 공장의 특징상 온몸으로 자신의 할 일을 쉼없이 해야 하기에 어쩌면 당연한 결과인지도 모르겠다.
    아침에 자고 일어나니 뒷목에 담이 들었는데, 며칠이 지나도록 별 차도가 없어 몹시 불편하고 뻐근하니 좀 낫게 해달라는 호소는 많은 환자들이 공통적으로 요구하는 증상이기도 하다. 환자가 병원에 오는 이유는 뭘까? 아프니까 오는 거고 그 아픈, 그다지 좋지 않은 느낌을 없애달라는 요구일 테지. 아무리 불치병을 앓고 있다 하더라도 통증이라는 기분 나쁜 몸의 이상 신호를 전혀 못 느낀다면 병원으로 향하는 사람들이 훨씬 줄어드는 것은 틀림없는 사실일 테니까.
    그러면 이렇게 허리나 어깨나 손목 같은 근골격계의 통증을 호소하며 오는 환자들에게 현대 의학은 어떤 처방을 내릴까?

　팔다리나 허리 등 뒷목 같은 곳은 공통적으로 많은 근육들이 위치한 곳이다. 근육의 가장 큰 존재의 이유는 움직이기 위해서이니 그 부분은 다양한 운동이 가능한 곳들이기도 하다. 그런데 아주 오랜 시간의 평소와는 다르게 축구나 등산 같은 심한 무리를 주는 운동을 장시간 해버려 그 과도한 스트레스에 대한 몸의 이상 신호인 통증을 느끼게 되면 이에 대한 치료는 어떤 방법들이 있을까?

　결과적으로 뾰족한 수는 없다.

　많이 걸은 후 종아리나 허벅지에 알이 배기고 아프면, 우리는 본능적으로 관습적으로 걷지 않고 휴식을 취한다. 그렇게 통증이 사라질 때까지 근육을 사용하지 않으며 저절로 회복될 때까지 기다린다. 이는 다리에만 해당되지 않고 허리나 목, 사지 등 모두 똑같이 적용된다.

　피부를 떼내면 근육들이 있다. 그 근육들은 뼈에 강하게 붙어있는데, 근육과 뼈를 연결해주는 구조물이 건이다. 그리스의 대전사 아킬레스의 유일한 약점인 발꿈치 뒷부분을 바로 아킬레스건이라고 하는데, 이도 같은 이름의 건이다. 뼈와 뼈 사이를 연결해주는 가는 실 같은 구조물은 인대라고 부른다. 그러니 근골격계는 뼈와 인대, 건과 근육, 그리고 이들을 지배하는 신경으로 구성되어 있다고 봐도 된다. 이 중 어느 하나라도 문제가 생기면 우리는 통증을 느끼며 움직임이 부자연스러워지거나 불가능해지는 상황을 맞이하게 된다. 만약 뼈가 부러지거나 금이 간다면 굉장히 아프다. 퉁퉁 붓고 열감이 느껴진다. 거의 움직일 수 없다. X-ray 사진을 찍는다면 그리 어렵지 않게 부러진 뼈의 모습을 확인할 수 있다(근골격계에 자주 활용되는 X-ray 사진은 뼈를 보기 위한 사진이다. 다시 말하면 뼈는 잘 보이지만 근육이나 건, 인대는 이 X-ray 사진으로는 확인이 불가능하다). 그런데 분명히 움직일 수는 있는데, 붓거나 통증이 느껴지는 경우는 어떻게 생각해 볼 수 있을까? 손목이나 발목 같은 부위가 이런 증상이 흔한 부위인데, 이때는 아마 뼈는 이상이 없을 가능성이 크다. 뼈에 문제가 생기면 움직임 자체가 불가능해지거나 엄청난 통증이 느껴질 테니까. 다만 근육이나 건에 약간의 손상을 받아 나타나는 증상이기에 X-ray로는 원인을 알 수는 없다. 이런 경우 유일한 치료법은 휴식을 취하면서 저절로 나을 때까지 기다리는 방법이다. 아예 절대 풀지 못하도록 고정시켜버리는 깁스나 부목을 대고 붕대를 감아 고정시키지만 풀어버릴 수도 있는 반깁스, 부목을 대지 않고 압박 붕대로 감는 방법 모두 다 근골격계의 휴식을 유도해서 자연히 회복되도록 하는 방법이다(가끔 X-ray사진을 보던 의사가 환자에게 인대가 늘어났다는 표현을 쓸 때가 있다. X-ray에는 인대는 전혀 보이지 않는데, 의사는 어떻게 인대가 늘어났는지 아는 걸까? 사실 인대가 늘어났다는 말은 뭐가 문제인지 잘 파악할 수 없을 때 의사가 환자에게 말하는 관용적인 표현이기도 하다).

이때 복용하는 약은 뭘까? 오로지 진통제이다. 통증을 경감시켜주는 역할을 해주는 약, 주사제도 마찬가지다. 진통제의 원리는 통증을 느끼게 해주는 신경 전달 물질을 차단시켜 통증을 못 느끼게 해주는 약이니 제대로 된 치료와는 맞지 않을 수밖에 없다.

그렇지만 약의 본연의 목적에 맞게 진통 효과는 참으로 탁월하다.

모르핀, 코데인 등의 마약성 진통제나 아스피린, 인도메타신 등의 해열진통제, 스테로이드 계통의 진통제 등 종류가 다양한 만큼 그 효과도 좋다.

환자들은 근육 이완제를 주로 찾는다. 근육이 뭉쳐서 잘 못 움직이고 통증이 나타나니 근육 이완제로 이를 좀 부드럽게 풀어준다고 생각하기 쉬운데, 사실 그렇지는 않다. 시중에 있는 많은 종류의 근육 이완제는 이런 환자들이 사용하는 약은 아니다. 근육 이완제는 척추마비 등으로 인한 하지 강직 환자가 그나마 뻣뻣한 다리를 조금이라도 완화시키기 위해 복용하는 약일 뿐, 일반인들의 근골격계 통증을 완화시켜주는 것과는 거리가 멀다.

진통제의 부작용이라면 뭘까? 가장 흔히 널리 알려진 것은 위장장애다. 시골에서 만성 퇴행성 근골격 질환을 앓고 있는 어르신들은 마치 진통제를 밥을 먹듯이 습관적으로 매일 복용하는 경우도 비일비재한데, 만성 위장염 또한 보통 함께 가지고 있기도 하다. 의약 분업이 정착된 이 시기에 분명히 그런 진통제를 처방한 곳도 인근 병원의 의사들이었을 텐데, 아무리 그 의사들이 진통제 오래 먹으면 속버린다는 말을 해도, 너무 오랜 시간을 진통제에 의존해버린 연세 많은 어르신들에게 그런 설득이 쉽사리 들어가지도 않을 테니 어쩔 수 없이 처방했을 가능성이 클 테다.

허리나 발목 등이 아파서 약을 원하는 환자들에게 이 설명을 해주면 그 중 반수는 약을 먹지 않고 견뎌보겠다고 한다. 근골격계의 이상이 있을 때 유일하고 제대로 된 치료는 휴식뿐이며, 이때 먹는 약은 통증을 못 느끼게 해주는 진통제이고, 이 진통제를 장기 복용했을 경우에는 위장 장애 같은 부작용이 있을 수 있다고 긴 설명을 해주면 그래도 약을 먹겠다는 환자는 그다지 많지 않은 것 같다. 이곳은 아직 젊은 직원 환자들이 많은 곳이니 사고가 경직되지 않고 열려있다고 해야 할까? 환자가 많이 오나 적게 오나 환자에게 많은 의료 행위를 하나 적은 의료 행위를 하나 상관없이 내가 받는 월급은 똑같다. 그게 다르다면 오히려 더 이상할 지경이지, 이곳은 우리나라 굴지의 대기업이자 글로벌 탑 5 자동차 회사인 현대자동차이니 말이다.

그러니 나 역시도 되도록이면 환자들이 그렇게 필요하지 않는 약을 습관적으로 신비감에서 먹지 않도록 저절로 말리게 되는 느낌이다. 어떤 병원은 고용된 의사들의 급여를 성과급으로 만들어 일정 수 이상의 환자나 매출을 달성 시 더 많은 급여를 지급하기도 한다. 자본주의 세상에서 어쩔 수 없는 동기 부여가 되는 가장 쉽고 확실한 방법이기도 하지만, 정도가 지나친 곳은 일 평균 환자 100명, 월 수술 30건 이렇게 그 수치를 마지노선으로 정해놓고 달성시에 계약한 급여를 지급한다는 조항까지 만들어놓기도 한다. 그런 것 전혀 신경쓰지 않는 의사라면 괜찮을 수도 있지만 몇 차례 개원에 실패해 많은 빚더미에 올라선 초조한 마음의 의사라면 월 수술 30건을 채우기 위해 필요하지도 않은 수술을 본인의 수입을 위해서 어쩔 수 없이 환자에게 권하는 경우도 얼마든지 생길 수 있다.

반드시 사라져야 할, 더 이상 나쁠 수가 없기조차 한 그런 최악의 행태지만 이런 일이 벌어지고 있다는 것을 인정하지 않을 수도 없다. 더 슬픈 것은, 저런 패악을 사실상 단속할 수 있는 방법도 없다는 사실이다.

다만 환자를 돈으로만 보지 않고, 자신이 가진 의술을 바탕으로 궁휼히 여기는 마음을 무척 오랜 시간 동안 듣고 익히고 배웠던 젊은 시절의 수련 과정을 떠올리며 순간 실수를 하더라도 다시 예전의 순수한 의사의 마음으로 돌아와 주기만을 바랄 뿐이다.

의사가 나쁜 마음을 품으면 사실 할 수 있는 일은 굉장히 많으며 그 파장 또한 이루 말할 수 없이 치명적이기도 하니 말이다.

보기 싫은 환자들

"어디가 아프세요?"

"몸살요."

"어떻게 안 좋으신데요?"

"몸살요, 몸살!"

환자들은 몸이 아파서 그것을 해결하기 위해 오는 사람들이다. 아프다보니, 자연스레 짜증이 나고, 퉁명스러워진다. 그런 사람들을 하루에 50명씩 100명씩 보면서 받아줘야 하는 최일선의 직업군이 의사이기도 하다.

물론 친절하고 싹싹한 환자들도 많다. '선생님 얼굴만 봐도 다 나은 것 같아요', '따뜻하게 잘해주셔서 참 감사합니다' 같은 좋은 말을 해주는 환자들, 혹은 작은 음료수 하나라도 건네며 마시라고 주는 이

들은 정말 사막에서의 오아시스 같은 존재지만 현실적으로 오아시스는 그 수가 상당히 적은 것도 사실이다.

우리 몸은 인생을 살아가는 데 있어 가장 중요한 것이고, 이 사실은 모두가 다 알고 있지만 실은 머리로만 인지할 뿐이지 정작 가슴으로 그렇게 느끼는 것 같지는 않다. 감기나 배탈 같은 증상을 앓는 환자들이 동네 병원으로 가는 기본 마인드는,

'내가 뭔가 중요한 일을 하는 데 있어 이런 통증이 있어 불편하니, 의사 당신이 이 돈 받고 빨리 좀 해결해 주시오.'

이것이 아닐까? 얼굴 보기가 상대적으로 어려운 종합 병원 의사가 아닌, 병원 문턱이 낮은 동네 병원에서는 말이다. 그러다 보니 일부 환자들은 본인이 아픈 원인을 의사에게 돌리기도 한다.

"저번에 그 약 달라니까 내 말 안 듣고 고집 피우더니 하나도 안 낫잖아요?"

"저번이랑 이번은 상황이 다르니······."

"다르긴 뭐가 달라요? 내가 달라면 그냥 주지. 뭘 그리 안다고? 나보다 내 몸에 대해서 더 잘 알아요? 예?"

과장일까? 그렇지 않다. 저런 환자들이 꽤 많다. 자기 몸에 대해서 스스로 진단 내리고 처방까지 다 한 다음에 의사에게는 그렇게 오더를 내리며 다른 의견을 들으면 성질을 부리는 무례한 환자들.

서로에 대한 이해의 차이가 불러온 상황은 아닐까? 한 집 건너마

다 의사들이 있을 정도로 의사가 흔해진다면 사라질지도 모르겠다 (의사가 그렇게 많아질 리는 없지만 말이다).

현대자동차에서 내 역할은 생산성을 높게 유지하기 위해 그들이 아플 때 처방을 내리며 돌보아 하루 속히 본래의 상태로 돌아가게 하는 일이다. 감기나 배탈, 두드러기 등 생활 속에서 종종 나타나는 여러 신체적 불편함을 공식적으로 해결해 주는 역할.

나에게 인계인수를 해준 선임자 선생님은 이곳은 직원들이 의사를 자신의 눈 아래로 바라보는 경향이 있는 곳이라고 조언해줬다. 의사들이 공장 안에 있는 이유가, 직원들이 만든 노조가 회사에 의사들을 고용해 달라고 건의해서 생겼기에, 자신들이 의사들 월급 주는 거와 마찬가지란다. 그러니 혹시나 무례한 환자들을 보더라도 밖에서 하듯이 그 환자들을 대하면 자칫 험한 상황을 만날 수 있다고 한 마디를 더 거들었다.

그렇지만 실제로는 밖에서보다 더 무례한 환자들이 많은 것 같지는 않았다. 오히려 한번 가 보고 마음에 안 들면 안 가도 되는 외부의 동네 병원들과 비교해 보면, 퇴직 때까지 평생 봐야 할지도 모르는 같은 직장의 동료이기도 해서인지 더 예의있고 공손한 느낌을 받은 적도 많았다.

가끔씩 해외 여행을 가야 하는데, 같은 일행들이 감기에 걸리면 먹어야 할 약을 다량으로 처방해 달라거나, 선배 동료가 다래끼가 났는데, 후배인 자신이 자기 이름으로 대신 안약을 좀 처방해 달라는 등 공공연하게 대리 처방을 요구하는 사람들이 있었고, 가끔씩 '니 맘대로 하세요' 식으로 아무 말이나 내뱉어 버리는 직원들도 보이고는 했다. 인구가 많은 만큼 전혀 없을 수도 없는 법이다. 외래, 특히 1차 진료를 담당하는 의사들의 고충이기도 할 것이다.

가끔씩 반말을 쓰는 환자들을 만나게 된다. 존대어가 뒤쪽에 오는 우리말의 특징상 말끝을 흐리게 발음하면 반말인지 높임말인지 듣는 사람으로서는 헷갈리기도 하는데, 이는 나보다 나이가 훨씬 더 많은 50~60대 남자들에게서 특히나 자주 접하는 장면이다.

"어제부터 기침이 나고 콧물이 나는데…… 목도 아프고, 근육통도 있고…… 밥맛도 없고 머리도 아프고…….'

좀 더 심하면 습관적으로 이렇게 말하는 환자들도 종종 있다.

"내가 원래 허리가 좀 아파. 그런데, 며칠 전부터 유달리 심해서…… 참다 참다 못해 한번 여기 와 봤어…….'

병아리 의사 때에는 들어도 못 들은 척 아무렇지도 않게 넘어가기도 했지만 서서히 나이가 들고, 저런 표현들을 잘 견디기 힘들어져서 어떨 때는 반말 쓰지 말라고 그 자리에서 요구하기도 했다. 반응은 크게 세 가지다. 깜짝 놀라며 본인은 반말 쓴 게 아니라고 오해하지 말라고 하거나, 실수를 인정하고 죄송하다고 깍듯이 사과하거나, 오히려 기분 나쁜 듯한 표정을 지으며 침묵으로 일관하거나다.

어떨 때에는 반말처럼 사용하는 환자에게 나도 똑같이 말끝을 흐리며 반말 비슷하게 써본 적도 있다.

"기침도 나고, 콧물도 나고, 목도 따갑고…….'

"자, 아…….'

목을 본 후에

"자, 귀에다……."

그렇게 체온계를 넣어 열을 잰다. 이쯤 되면 환자도 뭔가 느끼는지 은근슬쩍 말의 끝부분이 명확해지기도 한다.

그렇지만 어떤 경우이든 간에 이들을 대하는 의사의 마음은 좋지가 않다. 환자가 자신의 무례함을 인정하며 공손한 사과를 한다면 오히려 그때는 마음이 더 불편해진다. 저렇게 예의바른 사람을 내가 괜히 오해해서 불편하게 만들었구나, 그냥 참고 넘길 걸 그랬나? 후회하며 말이다.

진료실의 또 다른 꼴불견은 휴대폰 같은 개인용품 사용이다. 진료 중이지만 휴대폰의 알림음 소리는 참으로 다양하게 울려대고, 진동으로 해놔도 그 소리가 얼마나 큰지 깜짝깜짝 놀랄 때도 많다. 그런데, 진료 시간이 그리 길지도 않는데, 1대1의 대화 상황에서 전화기가 울리면 받지 않거나, 받더라도 나중에 통화한다며 양해를 구하고 끊어야 하는 게 예의가 아닌가. 의사를 앞에 앉혀 두고 길게, 그리고 큰 소리로 통화를 하는 사람들이 여전히 많다. 곧 끝나겠거니 하는 기대감에서 아무 소리도 하지 않고 기다리다가, 도대체 끝이 보이지 않으면 대체 언제까지 하는지 궁금한 마음에 더 기다려 보기도 한다. 5분을 넘기는 사람도 겪어봤다.

스마트폰 세상이다. 활용도가 높은 컴퓨터를 제쳐 버린 최초의 물건이 바로 스마트폰이 아닐까, 진료실에 들어오면서도 계속 게임에 빠진 채 환자 의자에 앉아도 게임을 하면서 눈도 마주치지 않고 진정

스몸비(스마트폰을 들여다보며 길을 걷는 사람들로 스마트폰smart phone과 좀비 zombie의 합성어)처럼 '감기요' 이러는 환자도 있었다. 과연 진료를 해줘야 할까? 말아야 할까? 순간 고민에 빠지기도 했다.

의사는 진료실에 있고, 환자는 대기석에서 기다리다가 자신의 순서 때 진료실로 온다. 보통 의사가 진료를 볼 준비가 되면 환자를 부르는데, 현대자동차 진료실도 비슷한 상황이다. 산업보건센터에는 마이크가 있어 조용히 불러도 가능했지만, 강남과 강북 의무실에는 마이크가 없어 큰 목소리로 환자를 불러야 했다.

그런데 환자들이 불러도 잘 들어오지를 않았다. 처음에는 목소리가 잘 안 들려서 그런가? 해서 큰 목소리로 부르기도 했는데, 특별히 달라지지도 않았다. 가만 보니 들어오라는 목소리를 들어도 그렇게 빨리 들어가고 싶지가 않아서 좀 더 느긋하게 있는 환자들이 많은 것 같았다. 빨리 진료 받으면 빨리 일터로 복귀해야 하는데 그게 싫어서일까? 부르는 사람 입장에서는 좀 답답하기도 했다. 그렇게 하루에 100번씩 부르면 목도 서서히 아파오는데 말이다.

이 정도는 사실 애교긴 하다. 들어올 때부터 입에 거친 욕을 담기에 왜 그러냐고 물으면

"남의 일 신경 쓰지 마쇼!"

이런 소리가 튀어나오는 환자들도 가끔 있다. 운이 나쁜 날일까? 불러도 들어오지도 않는데, 겨우 들어와서는 험한 욕지거리를 중얼거리며, 반말로 일관하다 걸려오는 전화까지 큰 목소리로 받으며 전

화 속 상대방에게 화를 내며 나가는 환자들도 있다. 어쩌랴, 세상에는 정말 많은 사람들이 있고, 그렇게 생각지도 못한 다양성을 드러내는 사람들도 많으니 말이다. 휴.

몸이 아파서 병원을 찾는 환자들을 만나고 각종 의료 행위를 하는 의사들, 이때 이루어지는 의료 행위는 서비스이고 따라서 의료 서비스업은 맞는 말일까? 서비스업의 정의는 비물질적 생산물을 제공하는 산업이라고 한다. 보통 생산물은 자동차나 전자제품 등 눈에 보이는 생산물인데, 금융업이나 상업, 운수업, 가사노동과 같은 눈에 보이지 않는 비물질적 생산물, 즉 용역을 제공하는 산업이 서비스업이다. 의료도 이와 마찬가지인데, 진료 행위 역시 비생산물을 제공하는 산업이니 서비스업이 맞긴 하다.

그런데, 의사들은 자신들을 서비스업 종사자라고는 잘 여기지 않는다. 의료 행위도 틀림없는 서비스업인데, 왜 서비스업 종사자라고는 생각하지 않는 걸까? 의료 행위와 의학은 그 범위가 너무 넓고 깊어 그 산업에서 활동하려면 깊은 학업과 수련 과정이 요하게 되었고, 이를 사회가 인정하여 의사 면허증이라는 것을 국가라는 공인 단체가 인증하고 발급하게 되었다. 만약 의사 면허증이 없는 사람이 의료 행위를 펼치면 이는 불법이 되고 그 결과에 따라 심각한 처벌을 받기도 할 정도로 의료라는 분야는 그 진입 장벽이 상당히 높아졌다. 의사들은 자연스럽게 스스로에 대한 자부심이 생겨났고, 이로 인해 자신들의 의료 행위를 서비스업이라 불리는 것을 꺼리게 되었다.

의사와 환자와의 관계는 주종 관계와는 전혀 무관하다. 질병에 따라 의사와 환자의 관계도 여러 가지로 나뉘지만 가장 핵심은 서로에 대한 신뢰감이 전제이고 바탕이 된다는 것이다. 의사가 환자에게 내리는 처방은 오로지 환자를 위해서만 내리는 것이다. 환자는 의사가 오로지 이익에만 이끌려 진료를 하지 않는다는 신뢰감을 가지고, 의사도 환자를 존중하며 환자가 자신에게 갓난아기가 엄마에게 가지는 절대적인 애착관계와 같은 느낌을 가진다는 마음으로 대해야 한다. 이를 의학 전문 용어로 '랍뽀rapport 형성'이라고도 한다. 어감이 살짝 이상하지만 전문 용어인 것은 맞다. 이 랍뽀 형성이 깨지게 되면 해결할 수 없는 상황에 빠진다. 아무리 물질이 좋다는 자본주의 사회여서 처방해주고 치료해주면 억만금을 준다 하여도, 이 관계가 형성되지 않은 의사와 환자에게는 더 이상의 관계는 무의미해진다. 돈과 같은 물질로 대신할 수 없는 강력한 정신적인 요소라는 거다. 인구가 늘어나고, 개개인의 다양성이 점점 늘어나면서 가끔은 정말로 상상하지 못한 일들이 벌어지는 세상이다. 너무 당연하다고 생각되던 것이 그렇지 않게 되는 시대가 온 듯한데, 아무리 그렇더라도 의사와 환자와의 랍뽀 형성만큼은 잘 유지되었으면 한다.

우리나라 남자의 평균 수명은 74세 정도지만 의사들의 평균 수명은 이보다 열 살이나 적은 64세라는 통계를 본 적이 있는데, 다 믿을 수는 없지만 그래도 공감이 간다. 고달픈 직업일까? 엄살이라고? 최소한 밝고 명랑한 사람들을 만나며 그들의 좋은 기운을 얻어가는 것이 아닌, 아프고 힘든 사람들을 매일 수십 명 만나며 그녀들의 고통을 덜어줘야 하는 직업이 의사인 것만은 틀림없고, 당연히, 또 어쩔 수 없이 그들과 점점 닮아가는 것도 사실인 듯 싶다.

　최대한 스트레스 받지 말고 오랫동안 환자 돌봄이라는 중요한 소임을 다해야 할 텐데 말이다.

실랑이 1

 근무를 시작한 지 한 달쯤 지나니 웬만한 것들은 다 익숙해졌다. 일과 환경, 사람에 대한 대부분의 것들이 말이다. 한 가지 아쉬운 점이라면 공식적인 출근 시간이 8시인데 의사들끼리 아침 티타임을 한다고 30분 일찍 모이는 것이었다. 티타임이라고는 하지만 사실 차는 없이 단지 의사들끼리 세상 살아가는 이야기를 주로 하며 친목을 다지는 목적과, 또 8시 정각부터 외래 진료가 시작되니 그 전부터 일찍 출근해서 느긋하고 여유 있는 모습으로 환자들을 진료하자는 의미였다. 아마 이 회의를 하기 전에는 8시에 딱 맞추어 허둥지둥 출근하는 의사들이 많았을 테고, 그만큼 이미지가 좋지 않았을 테니 제도적으로 지각을 없애자는 취지였을 거다.
 그 취지만큼은 공감이 된다. 그런데 경주에서 한 시간 남짓 되는 거리를 직접 운전해서 출근하며, 또 아직 생후 8개월밖에 되지 않은

막내까지 있는 데다, 아내 역시도 한 시간 정도 거리를 운전하며 출
퇴근하는 맞벌이 부부로서 아침에 30분 일찍 집을 나서는 상황 자체
가 너무 힘들었다. 7시 30분까지 출근하기 위해서는 6시 30분에는
집을 나서야 했는데, 보통은 자고 있던 아내가 어느 날 한번은 일어
나더니 내가 그 시간에 출근하는 모습을 보고

"세상에나, 6시 30분에 출근하다니, 정말로 열심히 사는 사람들이
그 시간에 나가는 거 아닌가?"

나도 정말 열심히 살려고 울산까지 직장을 잡았을까? 잠시 회의감
에 빠지기도 했다. 그런 감정들이 뒤엉켜서 만약 8시까지 출근한다면
집에서 7시에 나서도 괜찮을 텐데, 그렇게 된다면 얼마나 좋을까? 상
상에 빠지기도 했다. 출근 시간은 8시라고 알고 면접을 본 것은 맞다.
아마 그때 출근 시간이 7시 30분이라는 사실을 알았다면 좀 더 고민
했겠지.

다른 의사들은 근무지가 전부 산업보건센터지만 나는 강남과 강
북을 매일 순회 근무하는 데다, 산업보건센터에서 각 의무실까지도
차로 움직여도 평균 7분은 걸리는 거리니, 회의 시간 고작 20분을 위
해서 집에서 30분 일찍 나와야 하는 상황이 아닌가? 더군다나 회의
내용도 사실 특별한 것 없이 친목 위주이니 말이다.

현대자동차에서 근무하는 가까운 지인에게 나 혼자만 아침 회의
에 참석하지 않으면 어떨까? 한번 물어보기도 했다. 회사의 공식 근
무 시간과는 별개로 상사의 의지로 만든 회의 시간에 부하 직원이 나
가지 않는다면 어떻게 되는지? 일반 직원들이라면 사실 상상도 할 수

없는 것이기는 하다. 직속 상사가 30분 일찍 출근하라는 것을 감히 지키지 않겠다는 뜻이기도 하니까 말이다.

그런데, 그들과는 다른 차이점으로 직속 상사는 부하 직원들의 인사 고과를 맡는 역할이 있으니 기본적으로 부하 직원들은 상사에게 잘 보일 수밖에 없다는 거다. 만약 지시를 어겨서 좋지 않은 고과를 받으면 승진에 뒤쳐짐은 물론이고 해마다 받는 성과급에서 후순위로 밀려 기백만 원의 불이익을 감당할 수밖에 없는 처지이니 말이다. 그러면 승진이나 성과급과는 무관한 나 같은 입장이라면 어떻게 하는 것이 좋을까?

가까운 지인들은 내게 한번 진지하게 사정을 잘 말해 보고 타협점을 찾으라고 조언해줬다. 그래, 공감이 간다. 며칠 더 고민 끝에 날을 잡았다. 8명이나 되는 의사들이 근무하는 산업보건센터에서 센터장님을 제외하면 가장 근무 기간이 가장 긴, 의사들의 반장 같은 역할을 하는 분께 연락을 했다.

"아직 아이도 어리고 셋이나 있는 데다 아내도 맞벌이라서 당분간만이라도 아침 회의에 좀 빼 주시면 안 될까요?"

요점이었다. 돌아온 반응은 생각보다 쿨했다.

"그럼 우선 한 달이라도 회의에 나오지 마시고 곧장 의무실로 출근하십시오."

한 달? 그래 한 달이 어디랴? 그 시간이 굉장히 길게 느껴졌다. 한 달 후가 되어도 8개월밖에 안 된 막내가 걸을 수는 없겠지만 일단 한 달이라는 시간을 주는데 그걸 짧다고 마다할 수는 없었고 마땅히 고마운 마음도 가지며 받아들였다.

그렇게 한 달은 한여름 맥주 거품처럼 순식간에 사라져 버렸다.

며칠간은 다시 7시 30분까지 출근해서 아침 회의에 참석했다. 그러고 다시 말을 꺼냈다. 같은 요구를 또 한다는 것 자체가 미안했지만 어쩔 수 없었다. 아무 말도 하지 않고 근무 요건이 마음에 들지 않는다고 관두고 나가는 것보다 대화를 시도하며 타협점을 찾는 것이 훨씬 더 좋은 것 아니냐는 것이 내 생각이기도 했다. 안 된다고 하면 추후의 일들은 그때 다시 생각해 봐야겠다고 다짐하며 말이다.

그런데 이번에도 반응은 예상외로 참 좋았다.

"사실 센터장님하고도 말씀이 좀 있었습니다. 과장님이 아침에 너무 힘들지 않을까? 하는 그런 말들이요, 그래서 너무 빡빡하게 그러지 말고 아침 회의는 너그럽게 빼주라고 얘기를 했었죠. 뭐 우리도 사실 다 압니다. 애들 어렸을 때 키우기 힘들다는 사실을요. 연말까지 푸근하게 아침 회의 참석은 빼드리겠습니다. 다만 지각하지 않도록 근태에 유의해 주십시오."

참 기분이 좋았다. 날아갈 듯 좋았다. 그 말을 꺼냈을 때가 불과 초여름이었으니 연말까지라는 시간은 마치 영원과 같은 느낌이었다. 역시 자기 권리는 스스로 찾아야 한다는 명제를 되새기게 해줬다. 먼저 말을 어렵게라도 꺼냈으니 이런 혜택이 있는 거지 윗선에서 먼저 나에게 다가와 아침에 힘들 테니 회의에 빼주겠다는 말을 할 리는 없지 않은가? 우는 아이 떡 하나 더 준다고, 뭐라도 말하고 표출해야 상대도 고개를 돌리지, 혼자 꿋꿋이 참고만 있으면 과연 누가 그 사실을 알아준단 말인가?

시간은 서서히 그렇지만 항상 변함없이 일정하게 흘렀다.

한여름의 폭염과 함께 여름 휴가철이 다가왔고, 휴가가 끝나고 다시 출근을 했다. 그해 여름은 상당히 오랜 기간 한반도를 감싼 열대 고기압은 전국을 찜통으로 만들어버렸다. 당분간 오지 않을 듯 느껴진 가을, 내가 살고 있는 경주에는 관측 이래 최대 규모라는 5.8의 강진이 찾아와 많은 재산 피해를 내고 사람들을 놀라게 했다. 그 여진이 여전히 하루에도 몇 번씩 느껴질 때 난데없는 10월 태풍 '차바'가 경주와 울산 지역을 덮쳤다. 태풍으로 인명 피해까지 발생했고, 울산 현대자동차 내부에는 수많은 침수 차량을 만드는 손해를 끼쳤다.

개인적으로 전 직장과 체불 임금 소송을 진행하면서 법정 출두로 월차나 조퇴를 몇 번 사용하기도 했는데, 이에 대해 은근한 압박이 느껴졌던 시기기도 했다.

이런 상황들로 인한 스트레스가 너무 컸던 탓일까? 평소 건강하던 아내는 심한 감기에 걸렸다. 일주일 동안 38도 이상의 고열과 근육통을 호소했고 평범한 해열제는 별다른 효과도 없었다. 큰 병원을 찾아가 자세히 진단한 결과 폐렴과 결핵이 의심되어 즉시 입원을 강제받게 되었고, 아내는 보호자의 면회도 금지된 채 격리실에서 열흘이나 보냈다. 이렇게 되고 보니 나 역시 적잖은 충격 속에 많은 생각으로 시간을 보냈다. 직장이 너무 먼 탓에 가족들에게 피해가 가는 것은 아닌지, 과연 이곳이 내가 있을 곳이 맞는지…….

잔인했던 가을이 지나고 서서히 해가 기울어지고 동짓날이 가까워지면서 북풍은 여름이 언제였냐는 듯 커다란 찬기운을 몰아쳐댔다. 아침 회의에 여전히 나가지 않던 나로서는 다른 의사들과는 근무지가 다르다 보니 얼굴 볼 일도 없었고 아마 그렇게 서서히 멀어져 갔던 것 같다.

새해가 돌아오고 설날 연휴가 끝나자마자 산업보건센터에서 연락이 왔다. 점심 시간에 잠깐 5분 정도만 시간을 내서 들르라고 한다. 무슨 일인지 도무지 감을 잡을 수가 없었다. 5분 동안 할 이야기가 과연 뭘까? 설날이 끝나자마자 연락이 왔으니 혹시 뭔가 설 선물이라도 주려고 그러는 걸까? 말도 안 되는 생각이었다. 추석 때에도 그런 것은 없었으니까. 굉장히 궁금해 하며 그 시간을 기다리다 마침 얼굴을 마주했다.

"재계약이 힘들 것 같습니다. 새로운 직장을 한번 알아보시는 게 어떨까 합니다."

뒤통수를 한 대 맞은 느낌이었다. 현대자동차에서 1년 계약으로 근무를 시작한 것이 16년 4월 18일이니 아직 무려 2달이 훨씬 더 넘게 남아있는데 벌써부터 재계약 불가 언급을 하다니. 명절 선물 주려고 오라고 했나? 라는 생각을 잠시나마 했던 터라 무안한 마음에 쥐구멍이라도 찾고 싶었다.

사실 이곳을 떠나야 한다는 생각을 가지지 않은 것은 아니었다. 인근의 다른 요양 병원에서 근무할 때와 비교해서 출퇴근 시간만 하루에 거의 2시간 이상씩 더 걸렸고, 점심 시간을 제외한 하루 8시간의 철저한 근무 제도로 실질적인 하루 근무 시간이 3시간씩은 더 하는 셈이었지만 급여는 상대적으로 적은 편이고, 어쩔 수 없이 지출하는 유류비를 감안한다면 수입은 훨씬 적었다. 그렇지만 이곳도 어느 정도 익숙해져 가고, 또 장기적으로 본다면 다른 여러 가지 혜택도 있는 편이었기에, 1년을 넘겨서 더 근무해도 그리 나쁘지만은 않겠다는 생각도 들었는 데다, 공사 중인 도로만 완공한다면 시간 거리 문제도 어느 정도 해결되리라 생각도 했다.

그런 상황에서 먼저 재계약 불가라는 말을 들으니, 마음에 드는 것 같기도 하고 아닌 것 같기도 한 아리송한 소개팅 상대에게 사귀자는 말을 언제 꺼낼까 고민하다 먼저 그만 만나자는 말을 들은 것 같은 어리둥절한 기분이 들기도 한 순간이었다.

화가 나서 묻기도 했다. 이유라도 말해 달라고. 그 정도는 해줘야 하는 것 아니냐고. 돌아온 답변은 다분히 원론적이었다.

"우리 회사랑 사실 잘 맞지 않는 것 같다는 윗분들 생각이 많습니다. 그렇지만 나가는 날까지 최선을 다해서 근무해 주시길 바랍니다."

그렇게 정서적인 결별을 맞이하게 되었다.

두 달 17일 후에는 퇴사하게 되었는데, 그런 와중에도 최선을 다해서 근무를 해야 하는 것인지, 그것이 누구를 위한 것인지 상당히 혼란스러웠다.

설사라는 증상

현대자동차 울산 공장에서 환자들이 호소하는 가장 많은 증상이 감기라면 설사를 호소하는 소위 배탈 증상은 두 번째로 많은 질병이 아닐까 한다.

묽은 변을 설사라고 한다. 누구나 겪어본 듯한 증상이지만 설사가 난다고 해서 문제가 될 정도의 병적인 설사는 사실 드문 편이다. 하루에 한두 번 묽은 변이 나온다면 약을 먹을 필요는 없다. 하루에 세 번까지는 묽게 나온다고 해서 문제가 되지는 않는다. 공식적으로도 배변 횟수는 일주일에 세 번에서 하루에 세 번까지는 정상 범위로 간주하기 때문이다.

그러면 뭔가 잘못 먹거나 심각한 위장 트러블을 겪으며 하루에 설사를 너댓 번씩 한 경우라면 왜 그런 상황이 만들어지는 할까? 설사가 생기는 원인을 먼저 살펴본다면 위장 안에서 흡수가 잘 안 되는 어떤 물질에 의한 삼투성 설사나, 장점막의 손상 없이 세균성 독소, 담즙산, 지방산 등의 분비 촉진제에 의한 분비성 설사, 혹은 염증성 장질환과 같은 구조적 손상에 의한 점막 손상성 설사 이렇게 세 가지로 분류할 수 있는데, 간단히 설명하자면, 먹으면 안 되는 어떤 물질을 먹어서 그것이 장내로 들어오거나, 혹은 장의 표면 등에 문제가 생겨서 장내 물질을 잘 흡수하지 못하는 경우라고 볼 수 있다.

우리 몸에 들어와서는 안 되는 물질, 상한 음식처럼 먹으면 안 되는 뭔가를 먹었다면 인체는 이를 인지하고 빨리 몸 밖으로 내보내려고 한다. 이를 위해서, 대장에서는 정상적으로 많은 물을 흡수하는 기능이 있지만 의도적으로 흡수하지 않아 체내 수분이 부족하게 되더라도 이를 감수하고 이상 물질을 체외로 배출하려는 과정이 설사이기도 하고 이것이 설사의 기본 원리이다.

혼자서 화장실을 가까이 끼고 생활하는 가정 주부라면 설사가 자주 나더라도 크게 문제되지 않을 수도 있다. 그러나 직장 생활을 하는, 상사와 수시로 회의를 하고 또 거래처에 촌각을 다투는 약속으로 바쁜 생활의 연속인 직장인이라면 급작스러운 설사가 부담이 된다. 더욱이 이를 가볍게 생각하고 방치하다가 자칫하면 평생 기억에 남을 만한 예기치 못한 큰 일을 맞을 수도 있을 테니, 빨리 멈추게 하고 싶어지는 것은 당연한 심리이다.

설사약을 먹는 이유도 그런 마음에서인데, 그렇지만 설사의 원리를 잘 알고 있다면 설사약을 먹는 것을 그다지 추천하고 싶지는 않다. 체내의 이상 물질을 빨리 배출시키는 상황이 설사이니, 인위적으로 약을 먹어 멈추게 한다면 상황이 더 악화되는 가능성을 키울 수 있기 때문이다.

설사약을 지사제止瀉劑라고도 한다. 설사를 멈추게 해주는 약이라는 의미인데, 그렇다면 우리말인 변비약과 의미가 혼동되기도 한다. 변비약은 변비를 멈추게 해주는 약이니 설사를 유발하기도 하는데 그러면 변비약은 설사를 일으키는 약이 되고 지사제는 이와 반대인 설사를 멈추게 해주는 약이니 간혹 헷갈리기도 하니 각별한 주의가 필요하다. 설사를 멈추게 하기 위해서 변비를 유발하도록 하는 약을 먹으려고 해서 지사제가 아닌 변비약을 먹어버린다면 전혀 의도한 것과 정반대의 결과가 나타날 테니 말이다.

설사가 날 때는 어떻게 하면 좋을까?

사실 뾰족한 치료법도 그다지 없다. 대장에서 많은 수분이 빠져나가면서 체내의 전해질도 같이 나가니 이를 교정해주는 치료가 원칙인데, 가장 좋은 방법은 수분을 보충해주는 것, 즉 물을 많이 마시는 것이 가장 쉽고 확실한 방법이다.

설사가 난다고 아무것도 먹지 않고 심지어 물도 마시지 않는 사람을 흔히 볼 수 있다. 이런 사람들은 생각을 바꾸어 볼 필요가 있다. 오히려 설사로 인해 다량의 수분 손실을 봤으니 그만큼 채워줘야 하므로 수분 섭취를 해야 한다고 생각하는 것이 더 자연스럽다. 물론 위장의 컨디션이 그리 좋지 않으니 물을 마시더라도 찬물을 한꺼번에 급히 마시지 말고 따뜻한 물을 조금씩 자주 섭취하는 것이 좋다. 도저히 물을 마시기 힘들 정도의 나쁜 컨디션이라면 수액을 맞는 것도 좋다. 식사도 마찬가지다. 금식할 필요까지는 없다. 다만 위에 부담이 될 정도의 자극적인 음식은 피하고 평소보다 적은 양으로 소화가 잘 되는 음식 위주로 섭취하는 것을 권장한다.

또 다른 치료라면 설사가 생긴 원인을 제거해 주는 것인데, 이는 다분히 상식적이다. 어떤 음식을 먹은 후 설사가 생겼다면 그 음식은 절대 먹지 않고 처분한다는 정도니 말이다.

콜레라나 살모넬라와 같은 병원성 생물체에 의해 설사가 난다면, 이를 식중독이라고도 표현하는데, 이때는 열과 구토 증상이 같이 나기도 한다. 이때는 설사라는 증상에 집중하기보다는 외부 균이 체내로 침투한 상황이니 그들을 없애는 항생제 치료가 더 중요하다. 이처럼 발열과 같은 감염 징후가 없는 설사만 난다면 항생제 투여를 반드시 할 필요도 없어진다. 일상 생활 속에서 드문드문 일어나는 간헐적인 설사는 충분한 휴식과 넉넉한 수분 공급이 가장 큰 치료약이다.

명의가 되는 법

나의 의대 시절, 우리 학교는 99명의 소심하고 따분하고 재미없고, 수업이라는 것이 미리 나눠준 핸드아웃을 처음부터 끝까지 줄줄 읽기만 하는 교수님들과 1명의 사이코 교수가 있었다.

그 한 명의 사이코 교수는, 사실 내가 보기엔 전혀 싸이코스럽지 않았지만 많은 학생들이 사이코라고 불렀다. 정확한 발음은 '싸이코'가 아니고 '사이코'다. 나중에 생각한 것인데 코가 많이 작아서 그런 별명이 붙었을지도 모르겠다.

이 사이코 교수님은 무척이나 유머러스해서 그분의 수업 시간은 늘상 웃으면서 시작해서 웃으면서 끝났다. 그리고 보면 외모도 그에 걸맞게 유머러스했다. 누가 보아도 의사임을 알아차리기 어려운……. 누군가 그분의 얼굴만 보고 직업을 맞춰보라고 한다면 아마 '채소 장수'라는 대답이 나올지도 몰랐다(채소를 많이 드셔서 그런지 부드러운 용모이다). 그분이 언젠가 수업 중에 이런 말씀을 하셨다.

명의냐, 명의가 아니냐의 기준은 굉장히 모호하거든. 우선 의사들이 바라보는 명의와 환자가 바라보는 명의는 다를 수밖에 없어. 우리 병원에서 제일 명의 소리를 듣는 소화기 내과의 호식이는(진짜 실명 그대로 친구처럼 저렇게 부른다) 진료를 이렇게 해. 환자가

"선생님 배 아파요……."

하면 호식이가

"(무척이나 근엄한 표정과 간결한 말투로) 아…… 이건 위장이네요."

진단명이 위장이란다 위장. 그게 병명이라는 거야. 그러면 그걸 들은 환자는

"아이고, 선상님 그걸 우찌 아십니까? 역시 명의십니다."

요렇게 되는거야. 환자보고 어려운 용어 써가면서 설명해봤자 말짱 황이야 황. 병명이 위장이란다 위장. 만약에 환자한테 뭐

"위식도 역류성 질환입니다."

이런 소리 해대잖아? 그러면 그 환자 보호자가 환자 보고

"저 선생님이 뭐라고 하던가요?"

물어보면

"음, 뭐라고 했더라…… 에이, 모르겠다. 점마 잘 모른다. 딴 데 가보자."

이렇게 되는 거야. 환자가 생각하는 명의는, 본인이 생각하는 질환이 의사 입에서 그 질환명 그대로 나왔을 때 100퍼센트 명의라고 느끼는 거지. 그래서 호식이는 항상 위장이네요 이러면서 진료 보고, 황규는(정

형외과 교수)는 항상 근육이네요 요러면서 진료 보는 거다.

실제로 이 사이코 교수님이 PK(의과대학교 의학과 3학년과 4학년 때에는 의대생들이 병원으로 실습을 나가는 시기인데, 이들을 가리켜 PK생이라고 부른다) 때 진료를 참관해보니, 환자가 엄청나게 밀어닥쳤다. 오전에만 거의 외래 환자가 70명씩. 환자 한 명당 1분을 넘지 않는 초간결 진료. 그래도 환자들 표정은 불만스럽지 않았다.

그게 벌써 한참 지난 일이고, 아직도 그 교수님은 여전히 명의로 인정 받으면서 모교에서 활동 중이시다.

현대자동차에서 근무하며 많은 외래 환자를 만나며 느끼게 된 것으로 환자에게 친절하라는 것은 환자에게 말을 많이 하라는 게 아닌, 환자의 말을 잘 들어주라는 뜻으로 해석한다. 특히나 말하기 좋아하는 한국인들이니 말이다.

그런데 이것이 사이코 교수의 말씀과 일맥상통하지 않을까 하는 느낌이 자꾸만 든다. 그분도 진료실에서는 말이 그리 많지 않았으니.

환자들은
"머리가 어지러운데요. 이거 왜이래요?"
이런 식의 질문을 자주 한다. 머리 어지러운 이유를 저렇게 간단하게 알려고 한다.

그럴 때 이렇게 대답하기도 한다.
"머리가 안 좋아서 그래요."
이 짧은 말에 희한하게도 고개를 끄덕인다.

"아…… 그래서 그렇구나."

길게 주저리 주저리 설명해도 듣지도 않고 잘 기억하려고도 하지 않으니 말이다.

진정 화술은 은이요, 침묵은 금인 이유인가 보다.

환자를 보내는 의사의 마음

　우리나라의 진료 체계는 3단계로 구성되어 있다. 가장 손쉽게 갈 수 있는 동네 병원이나 작은 규모의 입원실을 갖춘 약간 큰 규모의 의원을 1차 의료 기관이라고 한다. 감기나 배탈 같은 드물지 않은 증상들을 호소하고 이를 해결하기 위한 곳들이라고 봐도 된다. 주위에서 흔히 볼 수 있는 ○○내과, ○○소아과와 같은 외래 전문으로 보는 의원들과 30병상 미만의 입원실을 갖춘 의원들이 이에 속한다.
　의원에서 입원도 할 수 있는 걸까? 의아스럽게 생각할 수도 있지만 잘 살펴보면 1층에 위치한 큰 규모의 정형외과 의원들 중에서 입원이 가능한 곳들이 제법 많다. 물론 입원이라는 것이 오늘 내일 사망할지도 모르는 위중한 상태의 환자들을 위한 곳이라기보다는, 간단한 정형외과적인 수술을 위해 하루 이틀 안정을 취하기 위한 목적으로 운영되는 입원실이거나, 교통사고를 당했지만 신체보다는 정신적인 충격이 더 커서 이를 병원이라는 신뢰성 있는 기관에서 며칠 휴양을 목적으로 입원하는 환자들도 엄연히 존재하기에 그들을 위한 기관이라고 생각할 수도 있다.

이런 1차 의료 기관에서 해결되지 않는 상황은 2차 의료 기관이 맡는다. 동네의원들보다 좀 커 보이고 입원실과 응급실을 갖춘 병원들이 주로 2차 의료 기관인데, ○○병원과 같이 병원이라고 쓰여져 있는 좀 큰 규모로 보이는 곳들이다.

1차와 2차 의료 기관은 몸이 아픈 사람이거나 검진을 받고 싶은 사람이라면 누구나 아무런 준비 서류 없이 방문해서 치료를 받을 수 있다. 병원 문턱이 그리 높지 않은 곳들이 이런 1, 2차 의료 기관이다.

그러면 3차 의료 기관은 무엇일까? 대학 병원이나 1천 병상 이상 건물의 규모가 최소 10층은 되는 초대형 종합 병원이 3차 의료 기관이다. 항상 이 내용이 맞지는 않는다. 무척 큰 대형 병원이지만 2차 의료 기관일 수도 있고, 분명히 대학 병원이지만 2차 의료 기관인 곳들도 있다. 그렇지만 우리나라에서 가장 크고 유명한 서울대 병원이나, 서울 아산병원, 삼성의료원, 신촌 세브란스병원, 서울 가톨릭병원 이 5군데를 소위 '빅파이브'라고 부르기도 하는데, 모두 3차 의료 기관이다.

3차 의료 기관은 응급실을 제외하면 맨몸으로 갈 수는 없다. 1차나 2차 의료 기관에 먼저 갔다가 그곳에서 해결하지 못하여 전원轉院시켜 간 곳이 3차 의료 기관이니 이들 1, 2차 의료 기관 의사가 쓴 진료 의뢰서를 가지고 가야 한다. TV에 나오는 희귀병이나, 생명에 지장을 줄 정도로 위독한 질환을 앓는 사람들이 많이 모여 있는 곳이 3차 의료 기관이니, 이곳의 시설이나 규모는 상당히 거대한 편이다.

현대자동차 울산 공장에 있는 산업보건센터나 강남, 강북 의무실도 1차 의료 기관에 속한다. 직원이지만 환자들이 진료 의뢰서 없이 언제나 방문할 수 있는 곳이다. 1차 의료 기관의 특징이라면, 이곳에서 해결하지 못하는 상황들이 간혹 발생한다는 사실이다. 옆구리가 아파서 진통제 처방이 며칠 이뤄졌지만 별다른 차도는커녕 점점 더 심해진다고 호소하는 환자나, 지난 2주 이상 진해거담제와 같은 감기약을 몇 번 복용해도 전혀 나아질 기미 없이 심한 기침과 발열을 호소하는 환자, 강한 두통과 어지러움을 호소하는 환자와 같은 상황들은 좀 더 큰 시설과 인력을 갖춘 종합병원 급으로의 방문을 추천하며 필요하다면 진료의뢰서를 작성해 주기도 한다.

그런데 막상 다른 큰 병원으로 가보라는 의사의 말을 들은 환자들의 반응은 그다지 반겨하지 않는다. '여기서 다 해결했으면 좋겠는데, 왜 다른 데로 가라고 하느냐? 귀찮게시리', 혹은 '내가 노는 사람도 아니고 지금 일하고 있는 데다 휴가를 쓸 상황도 안 되는데 밖의 병원까지 어떻게 가라는 것이냐'며 불편한 심기를 노골적으로 드러내는 환자들도 있다.

그런데 어떡하랴? 1차 의료 기관에서 다 해결해 버리면 참 좋겠지만, 이곳에서는 그렇게 할 수가 없는데, 봐주기 귀찮아서가 아니라, 뭔가를 해줄 능력이 안 되니 어쩔 수 없이 더 좋은 시설을 갖춘 곳으로 옮겨가 보라는 것인데, 그러니 진료해주는 의료진을 위해서가 아니라 마땅히 환자를 위해서인데, 그 환자가 오히려 화를 내면 의사 입장은 어떻게 되는 건지 말이다.

사실 다른 곳으로 보내는 의사 입장도 마음이 그리 좋지 않다. 보내다는 것 자체가 현재 환자의 상태가 가볍지 않고 위중하다는 의미인데, 다분히 최악의 경우도 생각하지 않을 수가 없는 데다, 실제로 그런 잘못된 상황도 의사라면 누구나 직접 겪어보거나 혹은 다른 동료 의사들을 통해서 전해 들은 간접 경험이 있으니 말이다.

너무 많이 알아서 생기는 부작용이 바로 이것일까? 의대생 증후군이라는 게 있는데, 의대생 시절 질병에 대해 공부하면서 문득 자신이 가지고 있는 증상과 비슷한 질병을 알게 되면 혹시 내가 이 병에 걸리지 않았을까 불안해하는 상황을 의대생 증후군이라고 한다. 뭔가 제대로 병을 아는 것은 아닌데, 그렇다고 모르는 것도 아니고 그냥 지나치기는 힘드니 오랜 시간 동안 계속 불안해하며 지내는 상황이다.

자신이 보는 환자가 뭔가 위중한 듯 보여 큰 병원으로 전원을 권장한다면 의사의 마음도 굉장히 찝찝하고 불안하다. 의대생 증후군보다 몇 배는 더 큰 불안이 나타난다. 나중에라도 그 환자가 다시 찾아와 그때 일을 말해준다면 참 좋겠지만 그럴 가능성이 적은 것도 현실이니 말이다.

환자들도 어쩔 수 없이 전원을 권하는 의사들의 마음을 좀 알아주면 좋겠지만, 의사들도 안다. 환자가 그렇게까지는 전혀 할 수 없다는 사실을 말이다. 본인이 위중해서 더 큰 병원으로 가라는데, 자신의 몸이 중요하지 그 말 하는 의사 마음까지 어떻게 알아주랴?

예전에 한 준종합병원 응급실에서 당직의로 일했던 적이 있다.

자정이 다 되어가던 시간에 어느 한 40대 부부가 발뒤꿈치에 깊은 열상이 생겨 출혈이 많이 난다며 응급실에 온 적이 있는데, 자기 아이랑 장난치다가 그만 유리컵이 깨졌고 그 유리 조각에 난 상처라고 했다. 그런데 상처를 보니 단순한 출혈이 아니라 박동성의 다량의 출혈이 있는 걸로 봐서 동맥이 손상된 듯 보였다. 그리고 보니 이미 많은 출혈이 생겨 환자의 안색도 무척 창백했다. 빨리 혈액검사라도 해서 현재 적혈구 수치라도 체크해야 했지만 그곳의 의료진은 나와 간호사 한 명 뿐이었고, 의료 장비라고는 X-ray 한 대뿐, 야간에는 별다른 검사도 불가능한 곳이어서, 압박 붕대를 단단히 감아 지혈을 하고 수액을 정맥에 놓고 인근의 종합 병원으로 전원을 권유했다.

그런데, 다른 종합 병원의 이름이 나오자마자 부부가 도끼눈을 뜨고 큰 소리로 화를 내기 시작했다. 그냥 여기서 하면 좋겠는데, 왜 그 먼 곳까지 가라고 하느냐며, 또 그 병원에 막상 갔는데, 거기서도 안 받아주면 어떡할 거냐고 따져 묻는다.

진료 의뢰서까지 썼으니 그럴 리는 없다고 안심시켰지만 그들 입장에서는 안심이 아니라 오히려 트집이었을까? 종이 쪼가리 한 장 주고 사람을 내친다고 오히려 더 크게 화를 낸다. 환자 입장은 그런가 보다. 가까이에서, 빨리 해결하는 게 좋지, 먼 곳까지 두 번 걸음하고 싶은 마음은 전혀 없고, 또 종합 병원의 그 복잡한 응급실에 가고 싶지도 않은가 보다. 역시나 상대편 입장은 상관없이 자신의 상황만 부각시키며 감정적으로 대응한다.

의사로서 안타깝기도 하다. 그런데 어쩌랴, 그런 것들도 다 받아들여야 하는 직종이 의료인이니 말이다.

실랑이 2

"이번 주 민방위 훈련 간다는 거요, 회사에서 하면 1시간이면 되고 회사 밖에서 하면 민방위 훈련 후 다시 회사로 복귀해야 한다고 하는데, 한번 잘 생각해 보셔야 할 것 같네요. 그리고 조퇴를 너무 많이 하면 사고자로 분류된다고 하는데, 그것도 좀 고려해 주셨으면 합니다."

퇴사 전에 그 해에 받아야 하는 민방위 훈련을 해치우려고 마침 이번 주 금요일에 있는 민방위 훈련에 참가하려고 직장 상사에게 상신 메일을 보냈더니 전화로 돌아온 답신이다.

대체 무슨 말일까? 민방위 훈련은 연간 4시간인데 그걸 회사에서 하면 1시간이면 끝난다니? 직장인의 특혜인가? 그럼 자영업자나 백수들은 직장인보다 4배나 많은 훈련을 받아야 한다고? 납득하기 어려울 정도로 이상했는데 자세히 살펴보니 사실과 달랐다. 민방위 1년 차부터 4년 차는 모두 동일하게 연간 4시간 훈련을 받아야 하고, 5년

차와 6년 차는 연간 1시간으로 훈련 시간이 적어지는 것을 아마 잘못 알고 말한 것은 아니었을까? 이런 민방위 체계를 살펴보고 한 말이 아니라, 주변에 민방위 훈련을 최근에 했던 사람에게 물어보니 그 사람은 아마 회사에서 1시간 받고 끝냈다는 말을 들은 거겠지. 하긴 저번에도 이런 식으로 틀린 적이 여러 번 있었으니, 이것도 같은 경우겠지 했다. 그런데 조퇴를 너무 많이 한다는 것은 무슨 소리며 사고자로 분류되면 어떻게 된다는 건지?

사실 지난 달에 조퇴를 두 번 써먹었다. 원치 않는 퇴사를 통보받고 정이 떨어질 대로 떨어진 지금 월차를 쓰면 좋겠지만 당시에 입사 1년 차로서 그런 혜택은 없었으니 조퇴라도 쓰고 싶었고, 또 새 직장을 알아보기 위해서 면접 시간을 확보할 필요도 있었다. 그런데 이런 경우가 그동안 드물었는데, 조퇴를 많이 쓰면 사고자로 분류되고 그렇게 사고자로 분류되면 나를 관리하는 상사들의 입장이 난처해지는 건가? 그럼 나보고 자기들 입장까지 배려하란 말인가? 서서히 짜증이 나기 시작했다. 그 와중에 울리는 전화벨 소리가 다시 난다.

"좀 알아보셨어요?"

"지금 알아보고 있는 중인데요, 그런데 민방위 훈련은 1년 차부터 4년 차까지 모두 연간 4시간입니다. 1시간이 아니고요. 그런데 제가 경주에서 이걸 받으면 오후 1시에 끝나는데, 점심 먹고 이동 시간까지 합치면 오후 3시에 도착할 것 같아요. 2시간 근무를 위해서 다시 직장으로 와야 하나요?"

"네, 좀 그런 거 같습니다."

"그럼 그건 그렇고, 조퇴를 많이 하면 사고자로 처리된다는 말씀은 무슨 뜻인가요?"

"상식적으로 조퇴를 너무 많이 하면 여기 통계에 그렇게 잡히는 것 같더라고요."

"상식적이라고 하면 기준이 어떻게 되나요? 그런데 퇴사일이 아직 2달 하고 17일이나 남아 있는 상황에서 나가라고 하는 건 상식에 맞는 건가요?"

"아니, 그건 일찍 직장을 알아보라는 의미였는데요."

"2달 17일 후에 근무할 직장을 알아보는 것이 가능하기는 한 건가요? 그건 상식적인 건지요? 1년 채워서 퇴직금 받을 때까지 있지 말고 그 전에 알아서 나가라는 의미로밖에 비춰지지 않아요."

"누가 언제 나가라고 했습니까?"

"일찍 알아보라는 게 아니라, 저 빨리 내보내고 새 사람 찾기 쉬울 시점에 사람 찾겠다는 속내 아닙니까? 아니라고 하겠지만 그렇게 오해받기 딱 좋은 상황이라는 것은 부정 못 하실 겁니다. 그리고 말이 나온 김에 하나 더 여쭤보겠습니다. 2월 2일 재계약 불가 통보를 하는데, 그런 이야기를 겨우 5분 동안 하실려고 했습니까? 저는 뭐 일방적으로 그런 이야기 듣고 알겠다 하고 받아들이고 끝나는 겁니까? 여기서는 사람 내보낼 때 이렇게 5분 만에 해치우는 그런 곳이었나요?"

"실은 이번 경우가 거의 처음 있는 일이라서요."

"그건 전혀 아니던데요, 제 선임자나 T부장님 경우, 또 다른 언성이 높아졌다는 사람들도 상당히 있었던 걸로 들리던데요."

"아, 그런 소리는 어디서 듣습니까?"

"어디서 듣는 게 중요합니까? 입장 바꿔서 한번 생각해 보십시오. 전 직장을 잃은 상태고 그 먼 길을 출퇴근해서 오고 가야 하는데, 저한테는 이런 모든 것들이 굉장히 곤혹스러운 상황 아닙니까? 그런데 그런 제가 회사에서 저를 사고자로 분류하는지 아닌지 그런 것까지 신경 써야 합니까? 너무 일방적이신 거 아닌가요? 저 이번 주 금요일 민방위 훈련갔다가 회사 복귀는 못 하겠습니다. 결근으로 하든 조퇴로 하든 알아서 처리하시고, 앞으로 조퇴 신청을 좀 더 하려고 하니까 그렇게 아십시오."

"아, 네."

휴대폰 세상이니 전화를 딸각 하고 끊는 소리는 전혀 없다. 그래서 전화를 끊는 대신 자신의 휴대폰을 산산조각 낼 정도로 세차게 던져서 자신의 화를 표현하는 사람들도 있겠지만 내가 그 정도로 절제력이 모자라는 사람은 아니다.

말은 그렇게 했지만 민방위 훈련 후에 직장으로 복귀는 하지 않을 수 없었다. 괜히 그렇게 무단 결근으로 되어서 1년 365일이 되어 퇴직할 때 자칫 1년에 하루가 모자라 퇴직금 지급이 안 될 가능성도 분명 있으니까 말이다.

민방위 훈련을 마치고 회사로 다시 돌아갈 때는 러시아워와는 다른 대낮 시간이어서 차가 전혀 밀리지 않아 예상보다 빨리 복귀할 수 있었다.

살짝 우울했지만 말이다.

한약도 표준화가 되었으면

외래를 지키며 환자들을 만나고 그들과 대화를 하다 보면, 종종 이런 질문을 받는다.

"저 지금 한약 먹고 있는데요, 지금 처방해 주시는 약이랑 같이 먹어도 될까요?"

현대자동차 의무실에서 근무할 때에는 특히 저런 질문을 많이 받았다. 상대적으로 경제적 여유가 있었기 때문일까?

환자 입장에서는 여러 가지 약을 한꺼번에 먹고 있으니 혹시나 이로 인한 부작용이 생기지 않을까 하는 걱정스러운 마음에서 하는 질문임에 틀림없다. 그런데, 이런 질문에 대해 의사들은 대답하기가 상당히 곤혹스럽다. 보약에 대해서 한의사들에 비해 별 특별한 전문 지식이 있지도 않거니와 또 있다 하더라도 그 환자가 먹고 있는 그 보약이라는 약 안에 과연 무엇이 들어갔는지 알 길이 없기 때문이다.

2000년 의약 분업 이후 우리가 먹는 약은 병원에서 처방전을 통해 약국으로 전해지고 또 그 자료는 심사평가원과 국민건강공단으로도 통보되어 개별 약 가격이 청구되고 본인부담금과 공단의 보조금이 결정되어진다. 지금 우리나라에서 사용되는 양약(한의사, 한약이라는 단어에 대비해서 양의사, 양약이라고 사용하고 있긴 하지만 사실 의사들은 이런 표현들을 멀리하는 경향이 분명히 있다. 참고했으면 하는 바람이다)의 종류가 수천수만 가지에 이르지만 이 약들의 개별적인 정보는 당연히 모두 공개되어 있는 상황이다. 다시 말하면 어떤 환자가 언제 어떤 약을 얼마만큼 먹었는지는 얼마든지 찾아볼 수 있어 향후에 여러 가지 분야에서 적극적으로 활용될 수 있다.

처음 의약 분업을 시작할 때 이를 싫어하는 의사들도 분명 있었다. '저 병원에 가면 잘 낫는다더라.' 즉 그 병원만의 독특한 비방秘方이라는 것이 생길 수밖에 없고 이는 중요한 병원 경영의 노하우중 하나였는데(이런 노하우는 사실 책이나 다른 사람에게 전수 받기보다는 스스로 오랜 경험을 통해서 깨우치는 경우가 많다), 그렇게 소중하게 겨우 알게 된 자신만의 비법을 완벽하게 모두에게 숨기는 것 하나 없이 공개하자고 하니 싫어할 수밖에.

그렇지만 비법이라는 것은 장점도 있지만 단점이 더 많다. 열심히 노력해서 자신만의 방법을 찾으면 다행이지만 이를 위한 과정 속에서는 어쩔 수 없이 동의 없이 환자들을 실험 대상처럼 쓰기 마련이고, 결과가 좋은 것도 있겠지만 그 반대인 것도 틀림없이 있을 텐데 이에 대한 책임은 전혀 불분명할 수밖에 없다. 게다가 이는 그나마 긍정적인 면으로만 봤을 때 나타나는 부작용일 뿐이다. 일부 소수이긴 하지만 환자의 건강과 안위보다는 돈벌이에만 급급한 일부 의료인들이 자신의 처방이 사회에 공개되지 않는다는 점을 노려 무조건 비싼 약만 권하고 팔아먹는 악독한 사람들도 없다고 볼 수는 없기에, 이들을 근절하기 위해서라도 약의 공개는 반드시 필요하다.

그렇게 의약 분업이라는 제도의 장점을 활용하기 시작했고 이제는 틀림없이 정착되었다.

그런데, 한약은 뭐가 다를까? 양약은 어떤 성분의 약이 제조과정과 임상실험을 거쳐 정식약품으로 승인된 후 전 국민들의 돈으로 만든 건강보험기금까지 조성하여 보조금을 받는 검증된 과정을 거친다. 한약도 당당한 국민건강에 크나큰 영향을 끼치는 약인데, 그런 과정이 한약이라는 이유만으로 설마 필요가 없을까? 한약이 양약과 다른 점이라면, 너무나 오랫동안 우리 전통 사회 속에서 전통적인 방식으로 제조되고 복용되었다는 점이긴 하다. 선사시대부터 서서히 사용해왔던 방법이니 갑작스럽게 그런 전통적인 방법을 버리고 표준화하자고 하면 그만큼 충격도 크고 따라서 거부감도 클 수밖에.

그렇지만 한약의 표준화도 반드시 이뤄내야 할 사안임에는 틀림없다. 한약 안에 어디서 어떤 방법을 거쳐 재배되거나 수집된 약제가 어떤 비율로 얼마나 어떻게 만들어지며, 이 약을 복용하는 방법은 연령과 성별, 그리고 한약계에서 말하는 태양인, 태음인, 소양인, 소음인 등의 사상체질에 따라 어떻게 달라지는지, 그 효과는 과연 어떤지 또 일부 불가피하게 나타날 수 있는 부작용들은 어떤 것이 있으니 어떻게 대비해야 하는 것인지, 이런 빅데이터를 만들어 공개해야 한다. 그래야 한약을 지어먹는 환자가 와서 이런 약을 먹고 있는데, 이것이 양약과 어떤 상호작용이 생기는지 물으면 뭔가 대답해 줄 말이 생길 테니 말이다.

양약 중에 스테로이드라는 성분의 약이 있는데, 이는 정상적으로 우리 몸, 부신피질에서 분비되는 부신피질호르몬의 다른 이름이기도 하다. 이 호르몬은 스트레스 호르몬이라고도 부르는데, 우리가 질병에 걸리거나 혹은 정신적인 여러 가지 스트레스를 받았을 때 이를 우리 몸속에서 분비되어 그 충격을 완화하고 줄여주는 기능을 한다. 즉 통증을 없애고 기분을 좋게 하고 식욕을 돋우고 혈색을 좋게 해주는 다양한 기능을 하는데, 그래서 예전 사람들은 부신피질호르몬을 대량으로 생산할 수 있다면 그때는 아마 고통 없고 질병 없는 세상에서 살 수 있지 않을까 하는 장밋빛 기대까지 가지기도 했다(어느 전통사회에서나 만병통치약이라는 것이 있다. 아마 이런 만병통치약이라는 것이 바로 부신피질호르몬의 한 종류이기도 한 것이 아닐까 생각되기도 한다).

세월이 지나 부신피질호르몬을 대량으로 생산하는 능력을 이미 우리는 가지게 되었고 스테로이드라는 이름이 바로 대량 생산된 부신피질호르몬을 뜻하기도 한다. 그런데 스테로이드 과복용은 그전까지 이를 전혀 몰랐던 많은 사람들에게 심각한 부작용들을 보여주었다. 몸통과 얼굴은 뚱뚱해지지만 팔다리는 오히려 가늘어지는 비정상적인 모습의 체형으로 점점 변해갔고 심하면 얼굴이 달덩이처럼 점점 커지거나moon face 목에는 마치 들소의 목덜미처럼 커다란 지방 덩어리인 혹buffalo hump이 생기는 쿠싱증후군에 걸리기도 하며, 진통효과는 크지만 이에 반해 피부가 얇아져서 면역력 체계가 붕괴되는 커다란 부작용들이 생겼다. 사실 이뿐이 아니다. 스테로이드는 당뇨병과 고혈압 환자가 장기복용하면 그 증세가 악화되고 위독해지기도 한다. 그러니 환자 상태에 따라 복용하는 기간도 심각하게 판단해야 하는 대표적인 약제이기도 하다.

그러나 일부 악덕 의사나 한의사들은 이 스테로이드를 악용하기도 했다. 마치 마약처럼 체내에 스테로이드가 들어가면 효과는 빨랐고, 이에 대한 환자들의 만족도도 높았기에, 마치 자신이 명의라도 되는 양 그 행세를 하면서 실제로는 돈벌이에만 급급한 부도덕한 의료인들도 틀림없이 있었다.

이런 사회악을 제거하기 위해서라도 약의 표준화 공개화는 반드시 필요하다. 양약의 표준화 공개화는 진작에 이뤄졌으니 이제 한약만 남았다. 전통적인 방식을 고집하고 비방 운운하기에는 세월이 너무 지난 데다 현대의 산업사회에서는 더 이상 맞지도 않다.

한약을 표준화해서 현대인에게 맞지 않거나 도저히 재료를 구할 수 없는 처방은 이제 그만 버리고 더 좋은 처방 위주로 개발하고 정리하여 우리만 이용할 게 아니라, 전세계로 수출하는 통로로도 개척하면 어떨까? 일본은 메이지 유신 때부터 서양의학만을 받아들이고 그들의 전통의학을 제한적으로 포기했기에 지금 남은 동양의 전형적인 전통의학은 우리나라와 중국뿐인데, 중국보다 더 안전하고 위생적인 이미지가 큰 우리가 전통한약을 표준화하고 정리해서 이에 관심을 가지는 외국인, 특히 동양을 여전히 신비롭게 바라보는 서양인들에게 판매한다면 그보다 더 나은 우리만의 강점이 또 어디에 있을까?

새로운 제도를 만들고 정착하기 위해서는 수많은 시행착오가 불가피하게 필요하고 예상치 못한 엄청난 시간과 비용이 소모되기도 한다. 변증법적으로 정과 반이 만나 합을 이루듯, 작용이 있으면 반작용도 있기 마련이지만 반작용이 두려워 앞으로 나아가지 않고 기존의 인습만을 고집한다면 더 이상의 발전도 없다.

이제는 한약 표준화에도 한번 그 첫발을 내디뎠으면 하는 강한 바람이다.

아이오닉 전기차 구매기

언제부터 전기차에 관심을 두게 되었는지는 잘 모르겠다. 지나가는 길에 얼핏 본 어느 텔레비전 시사 프로그램에서 미국 테슬라 사에서 만든 전기차에 관한 내용이 나왔는데, 전기차여서 자동차 앞 본넷 안에 엔진이 없고 그 공간만큼을 비워놓은 것이 조금 신기했지만 우리 현실과는 거리가 먼 달나라 이야기로만 듣고 넘겼다.

그 정도로만 그칠 일이 아니었을까? 2016년 9월 즈음, 우연히 전기차 관련 기사를 봤다. 제주도에서는 어느 정도 활성화가 되었는데, 직접 전기차를 모는 사람들을 인터뷰해서 쓴 내용이었다. 분명히 전기차에 호의적인 기자가 역시 전기차를 좋아하는 사람들을 만나고 썼을 테니 내용도 뻔히 좋을 거라고 치부할 수도 있었지만, 그래도 그 기사만큼은 가볍게 넘기지 않고 꼼꼼히 읽어보았다. 아마 새로운 것에 대한 호기심이 많은 나였기에 가능했을지도 모르겠다.

기사 중 가장 놀랐던 점은 전기차의 월 유지비가 3만 원이면 충분하다는 내용이었다. 하루 약 100킬로미터씩을 이동하면서 최대한 정속주행을 하면서 어떻게든 연비를 조금이라도 높여보려고 항상 노력해도 최소 월 25만 원은 휘발유비로 사용하고 있는 나로서, 전기차는 고작 3만 원이라니? 부러운 마음에 좀 더 알아봐야겠다는 생각이 저절로 들었다.

인터넷은 정말로 많은 정보가 넘쳐난다. 2016년 하반기 국내에서 판매되는 전기차는 현대 아이오닉 일렉트릭, 기아 쏘울, 레이, 삼성 SM3 ZE 정도였다. BMW i3도 있었지만 스스로 대한민국 국민이라는 자부심이 크고 또 국산품에 대한 강한 신뢰감을 가진 나였기에, 외제 전기차는 가볍게 건너뛰었다. 가격은 대략 4천만 원 안팎이었고, 이전에는 잘 몰랐지만 국가 지원금이 2천만 원 가량 있다는 것, 그리고 전기차의 가장 큰 관건인 충전 후 주행 거리가 아이오닉의 경우 190킬로미터로 가장 길다는 점 등을 어렵지 않게 알 수 있었다.

단순한 호기심이 호감으로 바뀌는 순간이었다. 가격이 4천만 원인 아이오닉을 실제로는 2천만 원에 살 수 있고, 주행 거리도 190킬로미터씩이라면 하루 주행 거리가 100킬로미터 정도인 내가 특별히 지장 없이 운행할 수 있지 않은가? 가장 큰 메리트는 뭐니뭐니해도 '머니'인데, 월 주행 비용인 전기료가 불과 3만 원이라는 것이 강하게 나를 끌었다. 현재 내가 사용하는 유류비가 월 25만 원이니 앞으로 기름값이 전혀 오르지 않는다고 가정해도 연간으로 치면 300만 원은 족히 될 테니 3년 운행하려면 거의 1천만 원이 필요한데, 전기차는 3

년간 주행 비용이 100만 원에 불과하다. 그런 엄청난 깜짝 신상이 주위에 있었는데 난 여태껏 그것도 잘 모르고 있었다니.

며칠 후 전기 자동차 카페를 찾아 가입하고 회원 승인을 받은 후 관련 정보를 모으기 시작했다. 거의 1만 명이나 모인, 가히 전기차에 관한 모든 정보를 수집할 수 있는 곳이었다. 더군다나 가장 중요한 것 중 하나인 실제 전기차 오너들의 생생한 경험담이 넘쳐나는 곳.

열심히 찾고 읽고 그렇게 관련 지식들을 쌓았다. 전기 자동차의 충전 방식은 급속과 완속 두 가지가 있는데, 급속은 20~30분 만에 끝나니 공공 장소에 주로 설치되고, 완속은 최소 4시간 정도 걸리기에 전기차 소유자가 자신의 전용 주차장에다 설치하고 주로 야간에 충전하는 방식이라고 했다. 급속은 80퍼센트 선까지만 충전되고 완속은 100퍼센트까지 충전되는데, 충전 비용은 급속이 훨씬 비싼 편이고, 완속은 특히 밤 11시 이후에는 가장 싸게 요금이 책정되었기에, 만약 월 2천 킬로미터를 주행하는 운전자라면 완속 충전으로만 하면 월 전기료는 3만 원대로 나온다는 내용도 알게 되었다(아무리 급속이 비싸다고 해도 감히 기름값에 비할 바는 아니다. 고작 1/7 수준이니까).

게다가 전기차의 장점은 무궁무진했다. 일단 무소음이고, 매연이 전혀 배출되지 않으니 배기구가 아예 없고, 당연히 머플러도 필요 없는 친환경 차량인 데다, 엔진도 없고 변속기도 없으니 엔진 오일이나 미션 오일을 교체할 필요도 없다는 거다. 일반 내연 기관 자동차에는 부품이 대략 5만 개가 들어가는데, 전기차에는 1만 개면 충분하다고 하니, 그만큼 고장날 가능성도 적은 차였다.

다만 배터리가 워낙 무겁고 비싸서 차 가격이 일반 내연 기관차에 비해 비싸게 책정되었는데, 정부에서 무려 2천만 원에 해당하는 보조금을 지급해 주니 차 가격은 문제되지 않는 상황이 아닌가? 가장 커다란 난제인 완속 충전기를 집에 설치하는 비용도 400만 원까지 국가에서 보조한다니 실질적으로 집 앞에서 전봇대가 그리 멀지 않게 있는 사람이라면 무비용으로 충전기 설치도 가능하다고 했다.

2016년 10월 바로 그때 결심했다. 언제가 될지 모르겠지만 나도 꼭 전기차를 사야겠다고 말이다. 우리집은 아파트가 아닌 단독 주택이고, 게다가 마당은 우리집만의 전용 주차장이기도 하니 그곳에다 완속 충전기를 설치해서 전기 자동차를 탄다면 그야말로 나는 최적의 전기차 오너가 될 수 있지 않을까 하는 생각이었다.

내 거주지인 경주에서도 전기차 보조금이 있는지 살펴봤다. 있으면 좋지만 만약 없다면 주소를 옮겨서라도 보조금은 꼭 받아내야 할 터였다. 2016년도에는 경주시에서 제공하는 보조금은 전혀 없었다. 혹시 2017년도에는 보조금이 있을까? 경주 시청 홈페이지 민원실로 들어가서 경주시에 보조금이 없다면 만들어달라고 요청할 생각이었는데 다행스럽게도 나보다 먼저 이를 궁금해 한 사람이 있었다. 경주는 왜 전기차 보조금을 지급하지 않느냐며 청정 관광 이미지의 경주시 분위기와도 맞지 않으니 하루 속히 보조금 지급을 개시해 달라는 내용의 민원이었는데, 그에 대한 답변이 참 속시원했다.

경주시에서도 2017년도에는 국가에서 1천 4백만 원의 지원금과 시에서 6백만 원, 도합 2천만 원의 보조금을 지급할 계획이라고 했다. 충전기도 4백만 원의 보조금을 별도로 지급한단다. 이렇게 가려운 데를 긁어주는 공개 민원과 답변이 있다니. 기쁜 마음에 그곳에 공개된 연락처로 즉시 전화해서 몇 대를 보조할 계획인지 물어봤다.

"네, 7대를 지원할 계획입니다."

엉? 7백 대도 아니고 겨우 7대? 아니 인구가 27만 명이나 되고 보유하고 있는 자동차도 14만 대는 되는 적지 않은 규모의 도시에서 전기차를 겨우 7대 보급시키겠다고? 너무 적지 않나? 그런데 그건 그렇고 고작 7대만 지원해주는데 만약 10명이 지원하면 누가 선정되고 누가 탈락되는 거냐고 물으니 그건 그때 가 봐야 알겠단다. 그럼 2017년 언제부터 지원금을 개시할 거냐고 물으니 1월이나 늦어도 2월에는 개시할 예정이란다. 나는 꼭 전기차를 구매하려고 하는 사람이니 지원금 개시 때 연락을 달라고 신신당부하며 전화를 끊었다.

돈 많은 사람이라서 국가지원금 따위는 받을 필요도 없고 관심도 없다면 상관없겠지만, 아쉽게도 그런 사람은 못 되니 보조금은 무슨 수를 쓰더라도 받아야 했다. 아니, 아무리 돈이 많더라도 백만 원도 아니고 천만 원도 아니고 2천만 원이나 되는 돈을 국가에서 주겠다는데, 그걸 마다할 자신은 없다. 그래 뭐 지원금이 있으니 그걸 행정적으로 잘 해서 꼭 받아먹어야지. 그러려면 생각치도 못했던 여러 난관이 있을 수도 있겠고, 생각보다 일이 착착 진행되지 않을 수도 있다. 그래도 어쩌랴? 2천만 원이나 되는 거금을 국가가 아무런 조건 없이 보조해 준다는데 말이다. 끝까지 잘 참고 어떤 상황이라도 뛰어넘어 반드시 받아내야겠다는 결심이 섰다.

아마 2017년 경주시 전기차 보조금을 실시한다는 날까지도 서너 달의 시간이 남았으니 여유있는 마음 가짐으로 틈틈이 관련 정보를 수집했다. 그렇게 간접 경험을 최대한 한 후에도 여전히 전기차를 사야겠다는 결심이 들면 실제 전기차를 사더라도 후회하지는 않을 테니까. 이와 비슷한 경험은 사실 몇 번 있긴 하다. 주위에서도 아무도 모르고, 나 역시도 생소한 어떤 것을 처음으로 시도하는데, 비록 경험이 전무하더라도 꼼꼼하고 오랫동안 심사숙고한 후 내린 결정은 결과도 좋았다는, 최소한 나쁘지 않은 결과를 얻은 경험 말이다.

경주 지역의 공공 충전기 시설을 먼저 알아봤다. 경주 시청과 외동읍 사무소 정도에 급속 충전기 시설이 있었다. 울산이나 포항, 대구 등지에는 훨씬 더 많은 충전기들이 보였는데, 경주의 충전기 시설이 고작 2개밖에 안 된다는 사실에 특별히 개의치는 않았다. 어차피 집에 완속 충전기를 설치할 테고, 그 설치 비용도 공짜인데, 밤에 충전하고 아침에는 항상 100퍼센트 충전 상태로 나가면 오히려 일반 차량이 주유소에 가서 기름을 넣어야 하는 수고도 던 셈이니 충전 문제는 내연 기관 자동차에 비해서도 더 편리해진 게 아닌가 하는 강한 확신이 들어서였다.

가까운 사람들과 만나는 지인들에게 전기차 이야기를 참 많이도 꺼내고 그들의 깊지 않은 지식도 내 것으로 만들려고 노력했다. 전기차 택시를 우연히 타보았다는 친구는 조용하고 참 좋더라고 했고, 충전만 완벽하고 세컨드카 개념으로 활용한다면 괜찮을 거라는 반응을 보이는 사람도 있었다. 반면 주행 거리가 190킬로미터라고 해도 네

명이 타거나 여름에 에어컨이나 겨울에 히터를 켜고 다니면 급속도로 주행 거리가 단축되는데, 충전하는 데 시간도 꽤 걸리고 하니 아직은 시기상조라는 의견도 상당했다. 하긴 나도 예전에 LPG 차량을 몰아본 경험이 있는데, 그 차로 잘 모르는 외곽지로 가면 LPG 충전소를 찾는 데 상당히 애를 먹은 기억은 아직도 생생했다.

그렇지만 전기차는 집에서 충전을 하는 데다, 나의 짧지 않은 하루 평균 이동 거리인 90킬로미터의 두 배를 갈 수 있고, 세컨드카 개념이니 장거리 야외를 갈 때는 전기차를 안 타면 되는 것 아닌가 하는 생각이 들었다.

가장 많이 설득해야 할 대상인 아내는 그리 어렵지 않게 성공한 것 같았다. 나보다 훨씬 더 보수적 경향을 띠는 그녀였기에, 얼리 어답터 격인 전기차라는 신문물을 충분히 인증받지 않은 상태에서 남들보다 앞서 구매한다는 것 자체가 그리 녹록치 않은 상황이라 각오하고 있었지만 그녀는 생각보다 훨씬 쉽게

"뭐 그러던가."

이런 가벼운 말로 반응해 주었다. 구매를 위한 첫 단추는 잘 채웠다. 시작이 반이라는 격언도 온몸으로 이해되는 상황이었다.

현대자동차 직원들은 차를 살 때 할인 혜택을 준다. 근무 연차가 길수록 차 가격 할인폭도 더 커지는데, 최대 할인은 30퍼센트나 되는 괜찮은 혜택이다(물론 이 혜택을 누리기 위해서는 차장 이상의 직급이거나 26년 이상의 근무 연수가 필요하다). 나는 고작 1년 차 직원이니 가장 적은 8

퍼센트 할인이 다였다(할인율이 8퍼센트인 것은 취득세율이 7퍼센트라는 것과 관련된 수치가 아닐까 짐작되었다. 입사하자마자 직원 할인 혜택을 남용하지 못하도록 취득세율과 비슷한 할인을 적용한 것은 아니었을까). 그런데 직원 복지 혜택 책자를 읽다가 일시불로 구매시에는 3퍼센트 추가 할인이 있다는 내용을 봤다. 아, 그러면 총 11퍼센트의 할인을 받을 수 있구나. 살짝 횡재 맞은 기분이었다.

그런데 4천만 원짜리 아이오닉을 사는 데 국가 보조금을 2천만 원 받으면 나는 4천만 원에 대해 11퍼센트 할인 적용을 받는 걸까? 아님 2천만 원에 대해 11퍼센트 할인 적용을 받는 걸까? 그 둘의 차이가 무려 220만 원으로 그야말로 어마어마한 중요한 문제였지만 주위에는 아무도 아이오닉 일렉트릭을 산 경험자가 없었고, 만 명이나 되는 전기차 카페에서도 그런 경험을 한 사람은 없는 것 같았다. 아마 있다고 해도 내가 현대자동차 직원으로 할인을 그렇게 받는다는 사실을 말하기도 쉽지 않았고 또 물어본다 해도 대답해 줄 수 있는 사람도 없는 듯했다.

현대자동차 공장 구내 식당 앞에는 자동차 사내 판매 전단지가 항상 있어서 거기 나오는 번호로 전화해 물어보았다. 대답은 '잘 모른다'였다. 본인들 말고 일반 지점에 문의하란다. 그쪽으로 해보니 역시나 잘 모른단다. 말하는 것이 약간 귀찮은 내색도 느껴진다. 나중에 안 사실인데, 직원용 차량은 지점에서 판매해 봐야 아무런 수당이 없어서 그다지 반기지 않는다고 한다. 더군다나 아이오닉 일렉트릭은 한 번도 팔아 본 적도 없기에 아는 것도 없으니 당연히 귀찮을 수밖에.

그렇게 서너 군데 전화를 돌린 끝에, 겨우 아이오닉 일렉트릭 차종의 공식 담당자라는 현대자동차 직원의 번호를 알게 되었고, 어렵사리 통화에 성공했다. 11퍼센트 할인은 국가 보조금을 받기 전 할인이란다. 그러니 나는 440만 원의 할인을 받을 수 있는 거라고 했다. 이 간단한 정보를 얻기 위해 참 오래 걸렸다. 오래 걸린 만큼, 힘들었던 만큼 그리고 원하는 명쾌한 해답을 얻었기에 참 좋았다.

연말이 다가왔다. 내년에는 아이오닉 일렉트릭 2017년식이 출시된다고 했다. 아이오닉 일렉트릭은 2016년 하반기부터 나왔는데, 불과 6개월 만에 개선형이 나온단다. 전기차에서 큰 용적을 차지하는 배터리가 차량 뒤쪽 바닥에 있어 어쩔 수 없이 뒷좌석에 앉은 사람은 공간이 좁아 머리가 천정에 닿는 불편함이 있는데, 이를 개선해 4센티미터 정도를 더 확보해서 불편함을 없애고, 하이패스와 카플레이를 추가로 장착할 예정이란다. 그렇지만 차 가격은 인상하지 않을 계획이고, 이 개선형은 2017년 2월에는 출시하도록 확정했다는 내용이었다.

좋은 소식은 연달아 나왔다. 전기차는 취득세를 기존 140만 원까지 감면시켜줬는데, 2017년도부터는 200만 원까지 감면시켜 준다고 했다. 고속도로 통행료도 50퍼센트 할인된다고 하니 2017년도에 보조금 개시를 하자마자 아이오닉 개선형을 계약해서 받으면 그야말로 최상의 전기차 보유 시점이 아닌가. 전기차 카페에서는 난리가 났다. 기존 아이오닉 구매자들은 허탈감에 질투 어린 글들이 넘쳐났고, 나처럼 개선형을 기다리는 사람들은 기쁜 마음을 숨기지 않았다.

　서울에 사는 어떤 회원이 말하기를 취득세가 200만 원까지 감면되는 것은 맞는데 2016년도에는 공채 매입 가격이 무료였는데, 2017년도에는 이를 다시 정상화시켰다고. 그래서 아이오닉의 경우 차 가격이 비싼 만큼 공채 매입비도 엄청나게 올랐다고 했다. 차를 구매할 때 의무적으로 사야 하는 공채 매입은 지자체마다 그 금액이 약간씩 다른 듯했다. 그런 정보라면 인터넷 검색으로는 쉽지 않다. 전국의 200개가 넘는 지자체의 정책이 조금씩 다른데, 나는 경주시 정책만이 필요한 상황이니 검색으로 잘 찾아지지도 않았다. 경주시 차량 등록사업소로 전화를 해서 전기차 공채 매입 가격이 어느 정도인지 물어봤다. 매일 같은 일을 하는 공무원이 가장 잘 알 거라는 믿음 때문이었는데 뜻밖에도 잘 모른단다. 자신은 한 번도 전기차를 등록해 본 적이 없다며 그 대신 알아보고 연락을 준다고 했다. 잠시 후 다시 연락을 받았지만 여전히 잘 모른단다. 아무도 그것에 대해서는 확신이 없다고 하며 나보고 전기차를 살 거냐고 묻는다. 그렇다고 했더니 그럼 그때까지는 무슨 일이 있어도 알아 두겠다고 했다. 그 정도로 하고 전화를 끊었다.

　남들이 잘 가지 않는 길을 갈 때는 확실히 불편하고 힘든 점들이 이렇게나 있구나. 그렇지만 아무리 생각해도 전기차를 사기에 2017년도가 최적기라는 생각은 변함이 없었다. 세계에서 가장 많이 전기차를 판매하고 보유하고 있는 중국에서도 보조금이 고작 500만 원에 불과하고 이는 미국도 별 차이가 없는데, 우리나라는 그의 무려 네

배라는 2천만 원의 보조금을 지급한다. 하이브리드 차량에 대한 보조금과 비교해도 너무 큰 액수다. 뭐가 그리 급한지는 몰라도 이런 비상식적인 보조금을 사실상 영원히 지급하지 않으리라는 것은 생각해 보면 누구나 동의할 수 있는 내용이다. 그렇다면 점점 그 액수를 줄여 나갈 텐데, 당연히 많이 줄 때 챙겨야 하지 않는가? 물 들어올 때 노 젓는 것처럼 말이다. 실제로도 2018년도부터는 보조금이 줄어들 거라는 보도가 몇몇 나왔다(2018년도 전기차 보조금은 국가보조금이 17년도에 비해 200만 원이 줄어들었다). 2020년까지 전기차 25만 대를 보급시키겠다는 목표와 상반되는 내용이 아닐까? 그렇지만 현재의 보조금이 앞으로도 변함없이 이어질 것이라는 생각은 안이한 것임에 틀림없다.

2017년 상반기에는 쉐보레의 볼트가 새롭게 출시된다고 했다. 가격이 얼마인지는 미정이지만 한 번 충전에 무려 380킬로미터를 간다고 하니 그만큼 볼트를 기다리는 사람도 많았고 나 역시도 약간은 흔들리기도 했다.

그렇지만 볼트는 차체가 너무 작고, 긴 주행 거리 만큼이나 차량이 가지고 있는 배터리 용량이 60킬로와트로 아이오닉의 28킬로와트에 비해 너무 컸다. 아이오닉보다 두 배 이상의 배터리를 가지고 있지만 주행 거리는 두 배에 못 미치니 그 효율이 좀 떨어진다는 결과인데, 실내 공간까지 작으니, 볼트는 아이오닉에 비해 차가 무겁고 비효율적이라는 반증이기도 했다. 배터리 용량이 길면 충전하는 데 시간이 더 오래 걸리는 단점도 있으리라. 더군다나 나는 190킬로미터의 주행 거리만으로도 충분하고, 결정적으로 11퍼센트의 추가 할인 혜택까지 주는 현대자동차 직원이 아닌가?(2017년도부터 판매를 시작한 쉐보레의 볼트는 가격이 4천 700만 원이 넘어 아이오닉 일렉트릭보다 비쌌지만 문제는 사고 싶다고 해서 살 수 있는 차량은 아니었다. 국내로 들어온 쉐보레 볼트의 총량은 불과 500여 대에 그쳤는데, 그마저도 절반 이상이 렌트카와 같은 법인 회사로 넘어갔고, 개인에게 판매된 차량은 100여 대를 약간 넘을 뿐이었다. 게다가 판매 개시된 시점도 생각보다 늦춰져서 기다리다 지쳐 아이오닉 일렉트릭으로 바꾼 구매 대기자들도 많았고, 그렇게 정부 보조금마저 못 타게 된 사람들의 원성이 전기차 카페에는 그야말로 그득했으니, 결과적으로 애초에 아이오닉 일렉트릭을 구매해야겠다고 결정한 나로서는 그야말로 다행이었다)

전기차 중에서도 아이오닉 일렉트릭을 구매해야겠다고 한 결심은 시간이 지나도 달라지지 않았다. 그 사이에 2017년부터는 가정에서 쓰이는 완속 충전기의 1만 원 정도 고지되는 기본 요금을 0원으로 내리고, 완속 충전 전기 요금도 향후 3년간 50퍼센트나 인하한다는 뉴스가 나왔다. 또 그린 카드를 이용해서 공공 급속 충전기를 사용하면 그 역시 사용 요금의 50퍼센트를 감해준다는 좋은 소식이 들렸다. 정말 대단하다. 정부가 전기차 보급을 늘리는 것은 지상 목표로 삼지 않았을까 싶어지기도 했다. 기본 요금을 0원으로 내리고 전기 요금도 50퍼센트나 깎아주면 월 3만 원이라는 전기 요금이 월 1만 원 정도로 떨어지지 않나? 한껏 들뜨며 정확히 언제인지는 모르지만 2017년 1월 말 경주시의 전기차 보조금 개시 날만 애타게 기다렸다.

직접 전화로 알려주겠다는 담당 공무원은 약속을 지켰고 그날은 1월 25일부터라 했다. 선착순으로 보조금 지급을 하는데 7대만 하니 가급적 빨리 오라고 한다. 그 날 저녁 6시쯤 되어 가려고 했는데, 그러면 자칫 못 받을 수가 있으니 아침 일찍 오라고 한다.

엇? 그래? 좋다. 그럼 기왕 일찍 가는 김에 화끈하게 아예 1등을 해버리리라. 아침 6시 30분에 집을 나서서 7시가 되기 전에 시청 환경과에 도착해버렸다. 아직 아무도 출근하지 않아 문도 닫혀 있는 상황, 복도에 서서 바닥에 떨어져 있는 그날 조간신문을 보며 담당 직원이 올 때까지 기다렸다.

"저도 그날은 좀 일찍 출근할 거거든요. 그러니까 일찍 오셔야 해요. 제가 몇 시에 출근할지 말씀은 차마 못 드리지만 평소보다 한 시간은 일찍 올 거거든요."

공무원들의 대략적인 출근 시간을 8시 30분이라고 하면 그날은 아마 7시 30분까지 간다는 뜻일 테니 난 아예 7시까지 가야겠다고 생각해서 내린 결정이었다. 내가 갔을 때는 아무도 없었지만 곧 다른 사람들이 더 왔다. 분명히 나처럼 전기차 보조금을 받으려고 오는 사람들이겠지.

담당 직원은 역시 7시 30분에 왔다. 그 시간까지 도착한 사람들은 나까지 모두 세 명. 나는 단연 1등으로 왔고 그렇게 관련 서류를 작성하고 제출했다. 총 지급 대수가 7대이니 여기 온 세 명은 무난히 지원금을 받을 수 있을 거라고 했다. 관련 서류를 받고 조만간 집으로 공문이 등기로 갈 예정이란다. 이제 발길을 직장으로 돌리려고 했는데,

받은 서류에 보니 완속 충전기 설치 비용 지원이 400만 원이 아니라 300만 원이란다. 분명히 작년에 시청 게시판에는 400만 원까지 지원된다고 했는데, 왜 은근슬쩍 100만 원이 줄어든 걸까? 물어봤다. 뭐라고 대꾸는 하는데 잘 모르는지 대답이 영 신통찮다.

직장도 다시 가야 하고, 이런 적이 그동안 한두 번이 아니어서 그냥 발길을 돌렸다. 나중에 전기차 카페에 물어 보니 충전기에 대한 국가 보조금이 줄었다기보다, 충전기 설치 비용이 떨어졌다는 개념이란다. 어차피 집 앞에 충전기 설치하는 데는 특별한 비용이 들지 않으니 안심하라는 말도 해주는 정겨운 회원들이었다. 다행이다.

천천히 가도 되는데 보조금 받으려고 너무 빨리 집을 나서서 괜히 고생한 것은 아닌가 했지만 다른 지역에서는 밤새도록 기다렸다는 보도 자료도 있었고, 보조금 지급이 시작되자마자 불과 37초 만에 끝나버린 지역도 있었다는 뉴스를 보며 결코 내가 힘들지 않았다며 스스로를 다독거리기도 했다.

어쨌든 경주시의 전기차 보조금 지원 대상에 선정된 것은 맞으니 이제 다음 단계인 전기차 계약이 남았다. 적지 않은 시간 동안 심사숙고했던 아이오닉을 계약하고 출고일을 기다려서 인도받는 과정이다. 지점에 미리 연락해 놓은 사람을 만났다. 그동안 전기차 산다고 통화하거나 만난 사람들은 하나같이 다 참 불친절했다. 뭔가 물으면 아는 것 하나 없고, 다른 데서 알아보라는 말만 앵무새처럼 반복하고, 심지어 내게 오히려 화를 내는 사람도 있었는데, 이 직원은 그래도 괜찮았다. 이동통신 회사의 고객 콜센터 담당 여직원처럼 사근사근하지는 않았지만 그래도 불친절과는 전혀 무관하고 인간미도 느껴지는, 그래서 내심 고마운 느낌마저 들게 해주는 그런 중년의 카마스터였다. 다른 곳 직원들이 전기차를 잘 모른다고 일관할 때 이 분은 전기차는 팔아 보지 않아 잘 모르지만 그래도 본인이 전기차를 한번 알아 보고 공부해 보게 되는 계기가 되었다며 나한테 오히려 고맙다는 말까지 한 사람이었다. 이 분은 현대자동차 서라벌 지점의 김양경 차장님이었다. 향후 나의 두 번째 전기차인 코나를 계약할 때 다시 이 분을 찾게 된 것은 너무 자연스러웠다.

등기로 배달 온 경주시 전기차 지원금 공문을 들고 직접 지점을 방문해서 아이오닉 일렉트릭 계약서를 작성하고 계약금 10만 원을 입금했다. 그렇지만 계약서를 아직 회사에 제출하지 말고 좀 기다려달라고 했다. 2017년부터 나온다는 아이오닉 개선형으로 출고받기 위해서인데, 그 개선형 출고 시점이 아직 정해지지 않았기에 기다려야 했기 때문이다.

설날이 지나고 2월이 되어도 별 소식이 없었다. 현대자동차 고객센터로 전화해 물어봤지만 회사로부터 받은 공문은 전혀 없다고 한다. 조금씩 초조해졌다. 경주시 공문에는 보조금 지급자에 선정된 그 날로부터 두 달 이내에 전기차를 출고해야 한다는 조항이 있었는데, 아이오닉 일렉트릭은 주문 생산 차량이었기에, 차량 계약 후 출고까지 보통 한 달 정도는 걸린다는 경험자들의 말이 있었으니 개선형 상품을 기다리는 시간도 기껏해야 한 달 밖에 안 된다는 뜻이기도 했다.

전기차 카페에서는 나처럼 아이오닉 개선형을 기다리는 사람들이 많았다. 역시나 언론에만 슬쩍 기사를 흘리고 정작 구매 고객들에게는 아무런 말이 없다고 대체 언제까지 기다려야 하는지 불만을 토로하는 글들도 종종 보였다. 어떤 회원은 아이오닉 개선형에 관한 기사를 작성한 기자에게 직접 연락해서 출고 시점을 묻기도 했다.

그냥 개선형을 포기하고 기존의 아이오닉으로 주문해야 할까? 사실 작년 연말에 나온 아이오닉 개선형에 대한 뉴스에 뒷좌석 4센티미터 확보라는 것은 특별히 나에게 어필하는 내용은 아니었다. 나야 뭐 주로 운전석에 앉는 데다 뒤에는 아직 나이 어린 우리 애들이 앉을 테니 별다른 불편 사항이 아니라 생각했고, 장착된다는 카플레이가 뭔지는 사실상 아무도 잘 모르고 있었다. 그게 있어봐야 특히나 그다지 이용할 것 같지도 않았으니 말이다. 하이패스가 달린다는 것은 좋았지만 그것 때문에 시기를 놓쳐 자칫 2천만 원이나 하는 보조금을 포기하는 것은 정말 바보 같은 짓이었으니 말이다. 이런 상황에서 내가 주로 취해온 방법은 심리적인 마지노선을 정하는 것이었는데 지금도 역시 그 방법을 이용하게 되었다. 그렇게 2월 말까지만 기다려 보기로 했다. 초초한 마음과는 달리 시간은 항상 그렇듯 일정한 간격으로 흘러갔다.

2017년 2월 13일. 드디어 현대자동차에서 공식적인 아이오닉 일렉트릭 개선형에 대한 정식 발표가 나왔다. 뒷좌석은 2016년보다 2센티미터 정도 공간이 더 확보되었고, 충전구가 2016년형은 차량 운전석 앞쪽과 뒤쪽 두 개였는데, 이젠 뒤쪽 충전구로 통일되어 혼란을 방지한다는 것이었다. 카플레이는 별다른 관심도 두지 않아 잘 모르겠는데, 내심 기다렸던 하이패스는 옵션으로 넘어가버렸다. 그것도 23만 원이라는 살짝 이해하기 힘들 정도로 높은 금액으로 말이다.

너무 비싼 하이패스 옵션이 황당했지만, 뭐 안 하면 되는 거니까, 기존에 생각했던 내비게이션 옵션만 넣어서 서둘러 계약했다. 아이오닉은 흰색이 제일 예쁘고 잘 어울린다는 사실은 잘 알지만, 집에 있는 다른 차도 흰색이어서 기왕이면 무채색보다는 원색으로, 빨간색을 할까 했지만 아내가 파란색을 주장해서 차 색깔 정도야 그냥 양보해 준다고 생각하고 나도 빨리 동의해주고 합의해서 마리나 블루라는 색깔로 신청했다.

하이패스라는 것 하나 기다렸는데 이렇게 되니 허탈했지만, 그래도 아이오닉 개선형이 그나마 일찍 나와 줬으니 보조금 받는 것에는 별다른 문제가 없다는 것만으로 위안 삼으며 정식으로 계약을 하고 출고를 기다렸다.

나는 자동차에 들어가는 옵션을 그다지 좋아하지 않는다. 넣으면 그만큼 가격이 올라가는데, 과연 그 기능만큼의 가격이 합리적인지 약간 의구심을 가지고 있는 편이긴 하다. 그래서 차를 살 때는 항상 가장 기본형, 무옵션으로만 바라보다 보니, 옵션 몇 개를 더해 버리면 가격이 껑충 뛰어 버리는 것 같아 더더욱 무옵션 차량을 선택하고는 한다. 아이오닉도 4천만 원짜리 N트림(그 당시 가장 낮은 사양의 아이오닉) 무옵션으로 택하고 싶었지만 오랜 고민 끝에 내비게이션 하나만큼은 장착하기로 했다. 아내가 이 차를 몰 때 내비게이션이 없다면 그 엄청난 히스테리를 감당할 자신이 없어서 말이다.

탁송시켜야 할까? 직접 내가 차를 가지고 집으로 올까? 생산지는 울산이고 집은 경주이니 탁송비가 그다지 많지는 않지만, 그래도 6만 원 정도는 되는 것 같아 직접 출고하기로 했다. 그날 출고일 당일 아침에만 대중 교통으로 출근하고, 퇴근할 때는 차를 받아서 오면 되니까. 집에서 직장까지는 버스보다는 기차가 더 가깝고 편리했다. 우리 집에서 경주역까지도 그리 멀지 않고, 태화강역에서 현대자동차 직장까지도 가까운 편이었으니까.

4주를 더 기다린 후 2017년 3월 10일에 차가 출시되었다. 사실 3월 8일이 예상 출고일이라고 했는데, 이틀이 더 늦춰진 셈이다. 내 경험상 보통은 예상 출고일보다 하루 정도 일찍 차가 나오던데, 이건 주문 생산 방식 전기차라 그런가? 더 늦어져 버렸다. 덕분에 출시 하루 전 저녁에 그동안 정들었던 5년 차 아반떼는 중고 상사에 처분하는 절묘한 타이밍을 잡을 수 있었다.

지금까지 살아오면서 차를 처분할 때는 거의 엔카를 이용한 것 같다. 개인적으로 내 차에 대한 정보를 인터넷 중고차 거래소에 입력하고 가격을 스스로 책정해 올려서 연락 오는 사람들에게 돈을 받고 차를 넘겨주었는데, 이렇게 하면 중고차 매매업소에 넘기는 것보다 시간이 많이 걸리고, 신경도 쓰이지만 중고차 매매업소가 제시하는 가격보다 훨씬 더 높은 금액을 받을 수 있어서 계속 이용했었다. 또 그렇게 마침내 차가 팔리는 재미도 쏠쏠한 데다, 자동차를 처분하는 절차도 충분히 이해하고 잘 알게 되는 부수적인 효과도 있었다. 예전에는 중고차를 개인들이 많이 샀는데, 어느 순간 매매업자들이 사가기 시작하더니 최근에는 중고차 수출 업체에서도 연락들이 종종 오기도 했다. 그동안 탔던 아반테도 그렇게 엔카를 이용해서 처분하기로 마음먹었다. 동급의 차량 가격을 검색해서 내 차 가격도 적당하게 올려 놨더니 아니나 다를까 한 구매인이 연락해 왔다. 전라도 군산의 한 중고차 매매 업소라는데, 계약금을 좀 넣고 다음날 와서 차를 인수해 가겠단다. 짜릿한 기분을 느끼며 점심 시간에 그 사람이 편리하도록 울산 고속버스 터미널 인근에서 만나자고 했다. 전화상으로 들은 상대방의 목소리는 참 좋아보였는데, 처음 만난 인상은 왠지 약간 어두웠다. 긴 버스 여행에 지쳐서일까? 반가운 마음에 악수를 청했지만 그다지 따뜻하지 않은 느낌만 돌아왔다.

슬픈 예감은 왜 틀리지 않는 걸까? 이 사람은 내 차의 문제점들을 엄청나게 많이 지적했다. 조금은 이상했다. 문제점들이 있다면 서로 합의한 가격에서 좀 깎는 정도로 다시 합의를 하는데, 이 사람은 그런 내 경험들을 아무런 도움이 되지 않게끔 만들고 있었다. 점심 시간 한 시간을 이용해서 거래를 끝내고 차량을 넘겨주고 택시를 타고 다시 돌아올 계획을 갖고 있었는데, 시간이 예상을 훨씬 초과해 초조함만 생겼다. 결국 거래가 깨져 버렸다. 어쩔 수 없이 이미 받은 10만 원 남짓한 계약금을 돌려주고 나도 그만 직장으로 돌아오려고 했는데, 이 사람이 이상한 것을 요구했다. 군산에서 여기까지 왔으니 이에 대한 보상을 해달란다. 이건 또 무슨 처사일까? 개인도 아니고 본인도 중고 자동차 매매 업자인데, 차를 사러 왔다가 본인이 마음에 들지 않아 계약을 깨 버린다면 계약금을 돌려받는 것만으로도 감지덕지해야 하지 않나? 멀리서 온 본인 차비와 시간까지 보상하라니, 그럼 내가 내 직장에서 이곳까지 온 유류비와 시간은 어떻게 계산한다는 것인지? 그런 피곤한 상황 속에서 그 사람이 돌발 행동을 했다. 경찰에 신고해 버리는 거다. 뭐지 저건? 그렇지만 내가 뭔가 잘못한 게 있는 것도 아니어서 경찰이 온다고 하니 오히려 반가웠다. 틀림없이 경찰은 제3자의 입장에서 양측 의견을 듣고 중립적인 역할을 해 줄 테니 말이다.

우리나라 행정력은 제법 좋았기에, 신고한 지 3분도 되지 않아 경찰 차량 한 대가 왔고 두 명의 젊은 경찰관들이 우리에게 다가와 뭐가 문제냐고 물었다. 그 사람이 경찰에게 말하는데, 나보고는 아예 가까이 오지도 못하게 하고 혼자서만 떠들어댄다. 쳇, 난 설명하고 싶은 마음도 없었는 데다 그 사람이 말하는 것을 끊고 반박하고 싶은 마음은 눈꼽만치도 없었다. 그냥 듣기만 하려고 했는데, 그것도 못 하게 하다니, 그렇지만 그다지 따지고 싶지도 않아 그냥 자리를 비켜줬다.

경찰들도 난감한 표정이 역력했다. 차를 사려고 왔는데, 물건이 마음이 들지 않아 거래를 하지 않는다는데, 계약금 반환도 아니고 멀리서 왔다고 그 차비를 물어내라니. 그 사람은 경찰들 앞에서도 끝까지 내 차 험담을 해가며 막무가내로 요구했지만 나는 끝까지 그의 요구를 들어주지 않았다. 얼마를 내놓으라는 말도 하지 않는 그의 태도도 싫었지만 피해 보상은 무슨 피해 보상? 경찰들까지 왔으니 그 사람 요구는 무시하고 차를 가지고 장소를 떠나려고 하니 못 가게 가로막는다. 내가 비키라고 했지만 막무가내다. 다행히 경찰들이 그를 말렸다.

"이러면 강요죄로 처벌받습니다. 저 사람이 가려고 하는데 못 가게 할 수는 없어요."

그가 신고한 경찰 덕분에 내가 도움을 받은 셈이다. 그렇게 거의 세 시간이나 길거리에 서서 벌인 실랑이가 끝났다. 그 후로 엄청나게 울리는 전화는 일체 거부했는데, 나중에 보니 문자가 제법 와 있다. 자동차 등록증에 나오는 우리 집 주소로 찾아가서 차비와 피해 보상금을 받아내겠다는 협박성 문자도 있었는데, 아내에게도 말해야 하나? 살짝 겁이 나기도 했다. 군산으로 돌아가서 나를 군산지원에 고발하겠다고 하며, 그렇게 되면 이젠 내가 거꾸로 군산으로 가야 한다고, 그렇게 종이로 막을 일을 돌로도 못막는 상황이 되어 버렸다며 난생 처음 보는 욕설 섞인 문자가 온다.

참 별의별 일이 다 있긴 있구나. 덕분에 점심도 못 먹고 직장에서도 무단 외출을 두 시간이나 한 셈이었다. 저렇게 막무가내로 우기는 걸 보니 저렇게 우기면 뭔가 떨어지는 게 있기는 있었나 보지? 커다란 덩치에 험상궂은 인상, 그리고 경찰한테 신고하는 퍼포먼스까지, 그치만 난 그 정도 협박에 넘어가는 호락호락한 인간은 전혀 아니니 잘못 짚어도 한참 잘못 짚은 거다.

그래도 그냥 중고차 상사에 넘겼으면 이런 험한 꼴 안 보고 넘어갔을 텐데, 돈 때문에 이렇게까지 고생하는 건가? 살짝 반성이 되기도 했다.

어쩔 수 없이 그 다음날 집에서 가까운 중고차 매매 상사를 찾아가 차를 넘겼는데, 놀랍게도 가격에는 큰 차이가 나지 않았고 어제와 감히 비교도 할 수 없을 만큼 간편했으니, 나도 모르는 사이 안도의 한숨이 나왔다.

항상 자가 운전으로만 출퇴근한 거리를 무궁화 완행 열차를 타고 출근하는 것은 색다른 경험이었다. 자동차로는 한 시간은 족히 걸리는 44킬로미터의 출근길인데, 아무리 후하게 생각해도 겨우 시속 60킬로미터에 불과한 기차로 가는데도 불과 30분 만에 목적지에 도착해 버리는 마술이 펼쳐지기도 했다.

오전 근무를 마치고, 오후는 아예 조퇴를 내고 한 시간을 걸어서 출고 사무실로 갔다. 따뜻한 봄 햇살처럼 온화한 미소로 사무실 직원이 나를 맞이해줬다. 예상 출고 시간은 오후 3시 30분이어서 시간은 충분하겠다 싶어 출고 사무실까지 천천히 걸어갔다. 너무 여유로웠을까? 한 시간 이상 일찍 도착했지만 내 차에 대한 출고 준비는 이미 완료되었단다.

드디어 그렇게 오랫동안 기다려왔던 아이오닉 일렉트릭 2017년 개선형을 내 손안에 넣은 순간이었다. 너무 감동적이었을까? 눈물이 날 정도는 아니었지만 한번 힘껏 안아주고 싶었다. 파란색 차는 출고 센터에서도 많이 튀는 축에 속했다. 이제 내가 저렇게 튀는 남성 전용 휴대폰 같은 차량의 주인이 되는구나. 운전석에 올랐다. 어느 정도 충전되어 있는 것을 확인하고 곧장 경주로 향했다.

기존의 자동차 보험을 해지하고 신규 차량 보험에 가입했다. 경주 차량 등록 사무실에 들러 등록하고 신규 번호판 달고 친환경차 인증 스티커도 시청에 가서 얻고, 계약했던 현대자동차 지점에서 담당 카마스터도 만나 출고 기념 무료 썬팅 쿠폰도 받고, 그렇게 이것저것 하면서 짧지 않은 시간을 보냈다. 담당 카마스터는 나보다 전기차를 더 신기해 하며 옆자리에 앉아서 차량 등록 사업소와 번호판 제작 업소까지 같이 동행하며 관심을 보였다. 본네트를 열어서 내부를 좀 보여 달라고도 하고, 무소음과 무매연 차량을 직접 느껴보기도 했다. 지점에서는 다른 카마스터들도 같이 나와서 이게 바로 100퍼센트 전용 전기차구나 하며 구경하기도 했다. 평생 내가 모는 차에 다른 사람들이 관심을 가져주는 것도 처음이 아닐까? 게다가 나를 전혀 모르는 사람들이 말이다.

전기차 등록비로 고작 30여만 원을 카드로 결제하고 공채 매입비는 무료로 해결했다. 번호판 비용으로 3만 원 정도를 내고 나왔는데, 드디어 경주에서는 바로 내가 전기차 1호 오너가 된 것이다. 뿌듯한 마음에 절로 미소가 그려졌다.

출시 다음 날, 썬팅하러 미리 알아둔 카센터로 들어갔다. 가게 주인이 내 전기차에 대해 호기심을 보였다. 처음 보는 차인데, 이게 전기차구나 하면서 말이다. 썬팅하는 데 시간이 어느 정도 걸리니 저녁 시간에 찾아오라고 했는데, 가보니 확실하지는 않지만 남은 주행 거리가 60킬로미터였는데 30킬로미터로 줄어든 것 같았다. 아마 30킬로미터 정도는 가게 주인이 직접 몰고 나간 걸까? 무소음, 무매연, 그렇지만 강한 전기차 고유의 파워를 자동차 전문점을 운영하는 가게 주인도 한번 느껴보고 싶었겠지. 그 상황에서 사고라도 난다면 정말 큰일이겠지만, 뭐 너그럽게 이해해 주리라. 그냥 단지 내 차가 좋아 보여서 그랬을 테고, 또 결정적인 것은 아무런 피해도 없고 물증도 없는 상황이니까.

처음으로 경주 한전에서 급속 충전을 했다. 전기차 카페에서 알게 된 경주 거주 회원에게서 한전은 무료 충전이라는 말을 들었기에, 당분간 내 전용 완속 충전기를 설치하기 전까지는 경주 시청 바로 옆에 있는 한전을 이용해야 했다. 배터리 잔량 13퍼센트에서 충전이 끝날 때까지 걸린 시간은 25분, 충전 비용은 공짜. 처음에 이용 방법을 잘 몰라 불이 켜진 한전 건물 안으로 들어가 직원에게 물어보기도 했는데, 그 직원 역시도 방법을 전혀 몰랐지만 그래도 같이 나가서 한번 만져 주며 이것저것 같이 시도해 준 것이 참 고마웠다. 소가 뒷걸음치다가 쥐 잡은 격이긴 해도 그래도 같이 뭔가 하니 나 혼자 할 때는 안 되던 충전이 가능해지는 기적이 생기기도 했다.

이 충전을 위해 그동안 환경부 홈페이지를 수십 번도 더 들락날락하며 받은 충전기 전용 환경부 발급 카드를 받아 등록하고, 개인 신용 카드와 연계하며 결제 정보를 입력했던 과정도 짧지 않지만 이 정도로만 서술하기로 한다.

전기차를 몬 지 4주가 지났지만 아직 집에는 완속 충전기가 설치되지 않고 있었다. 올해 전기차 국가 보조금 개시는 1월 말부터 있었지만 완속 충전기 설치 업체 공모 결과는 겨우 3월 20일부터 있었고, 그날은 전국에서 엄청난 신청 폭주가 몰아닥친 것은 자연스러웠기에, 내 신청서를 업체 측은 진작에 받았지만 집으로 실사를 나오고 실제 충전기가 설치될 때까지는 좀 더 시간이 걸리지 않을까. 어쩔 수 없이 받아들일 수밖에 없었다.

완속 충전으로 충전하는 데에는 대략 네 시간이 걸리지만 야간 시간을 이용하는 데다 우리 집에 설치하는 나만의 전용 충전기이고 100퍼센트 완충이 가능하다는 점에서 꼭 필요했다. 게다가 국가에서 무료로 설치해 주는 것이 아닌가? 이에 비해 급속 충전은 집에서 15분 정도 떨어진 곳까지 가야 하고, 충전하는 동안 최소 20분에서 최대 30분 정도는 옆에서 기다려야 했으니, 왕복 시간까지 합하면 1시간은 족히 걸리는 작업을 최소 이틀에 한 번 꼴로는 해 줘야 하는 귀찮은 일이었지만, 그래도 비용이 전혀 들지 않는다는 장점이 있었다.

충전 비용이 무료라는 사실은 가히 혁명적이었다. 그동안 운전해서 어디로 가려고 해도 기름값도 드는데 뭐하러 거기까지 가나? 하는 생각은 아무리 저유가 시대라고 해도 하지 않았던 적이 없었다. 그런데 전기차 충전 요금은 비록 일시적이긴 해도 비용이 전혀 들지 않았다. 아무리 목적지가 멀더라도 이동하는 데 시간이 소모될 뿐 차비가 들지 않는다니, 진정 놀랄 지경이었다.

어떤 주유소에는 30분 정도 기다리면 3만 원 주유권을 지급한다고 하면, 어떻게 될까? 전국의 모든 운전자들이 기를 쓰고 가려고 하겠지? 같은 개념이다. 충전하는 데 30분 정도 들지만 그걸로 200킬로미터 정도를 무료로 운행할 수 있다. 실제로 아이오닉을 출고하고 난 후 한 번도 주유소에 들르지 않았다. 당연히 월 주유 비용 25만 원은 아끼게 되었고 충전 비용도 무료로 해결, 자연스러운 결과지만 태어나서 이런 적은 한 번도 없는 진정한 신세계를 온몸으로 체험하고 있는 거다.

주말에 이 전기차를 타고, 경주 외곽지인 안강, 건천, 외동, 감포 등지로 종종 나갔다. 특별한 볼일이 없이 단지 그 지역의 풍경을 보고 싶다는 이유 하나뿐으로. 지금까지는 그런 이유로 기름값 쓰고 싶지 않았는데, 이제는 달라졌다. 아무리 돈이 많아도 지출을 아까워하지 않는 부자가 없는 법인데 말이다.

다시 한 달이 더 흘렀다. 완속 충전기 설치 신청서를 낸 포스코 ICT에서 우리집으로 실사를 와 관련 서류들을 받아 갔다. 실사를 할 때에는 설치도 곧 되는 듯한 기분이 들었지만 실제 그렇지는 않았다. 그래도 조금만 더 참으면 집에 내 전용 완속 충전기가 설치되겠지 하는 기대로 하루 하루를 견뎌 나간 것 같다. 그렇게 며칠이 지나 드디어 우리집에 나만의 완속 충전기가 무료 설치되는 감동을 누리는 것으로 전기 자동차에 대한 모든 설비들을 갖추게 되었다. 기나긴 여정이었다.

아직 일 년도 채 되지 않았지만 전기차에 대한 단점은, 특별히 지적할 것은 없는 것 같다. 충전하는 데 시간이 꽤 걸리고 한 번 충전으로 200킬로미터 정도밖에 못 탄다는 것은 단점이긴 하지만 이제는 익숙해졌다고나 할까? 그다지 불편하다는 생각은 들지 않는다. 작년 아이오닉이 처음 나왔을 때는 경사진 길에서 대기하다가 출발하면 차가 뒤로 밀리는 약점이 노출되었다고 했다. 그 때문에 아이오닉이 아니라 뒤로오닉이라는 비아냥 섞인 별명도 있었다고 했다. 이 차를 타면서 아직 그런 느낌은 받지 못했다. 일부러 경사 있는 곳에서 섰다가 다시 출발하기도 했지만 뒤로 밀린 적은 없었다. 개선형이 나오면서 바로잡은 것일까?

차가 좀 작은 편이고 트렁크가 좁아서 골프 캐디백이 들어가지 않는다는 단점? 아직 시도해 본 적은 없지만 뒷좌석을 접으면 들어갈 테니 괜찮겠지. 확실한 근거는 없지만 충전시 고압의 전류가 흐르니 강한 전기파가 발생할지도 모른다는 생각이 들어서 충전할 때는 되도록 차에서 멀리 떨어져 있는 편인데, 이것도 단점이라면 단점일지 모르겠다. 얼마 전에는 3살짜리 막내를 데리고 충전하러 가서 충전기를 꽂아 놓고 근처 한전 주차장에서 뛰어놀다 보니 시간이 금세 지나가 버렸다. 충전 시간은 무작정 기다리는 아까운 시간이 아니다. 시간은 쓰기 나름으로 효용이 갈린다. 생각해 보면 일상 속에서 알게 모르게 무의미하게 흘려 버리는 시간들이 얼마나 많은가 말이다.

지금은 굉장히 저렴한 전기 요금에 거의 공짜나 다름없는 비용으로 차를 운행하고 있지만 향후 전기 요금이 올라갈 가능성은 분명 있다. 휘발유나 경유에 포함되는 각종 세금이 충전용 전기 요금에는 들어가 있지 않으니 불공평한 상황이기도 하다. 그렇지만 그것 역시 단점은 아닌 것 같다. 앞으로 3년간은 똑같은 요금이 적용될 거고, 그 후는 어떻게 될지도 모르니까 말이다. 음, 억지로라도 단점을 말한다면, 아마 싼 운행 비용 덕분에 아무래도 많이 다니게 되고 그로 인해 타이어 교체 비용이 증가할 수도 있을 것 같다. 두 달 동안 무려 5천 킬로미터, 그 후로 1년간 3만 7천킬로미터나 탔으니 말이다.

하나 더 추가하면 차가 움직일 때 보통의 내연 기관 차들이 내는 전형적인 엔진 소리가 전혀 없이 우주선 움직이는 듯한 웅웅거리는 약간의 소리가 날 뿐이니, 보행자들이 차가 오는지 모르고 경계를 하지 않는 점이 있긴 하다. 앞으로 전기차 보급이 늘면 늘수록 사람들도 점점 적응하겠지. 이것도 단점이라면 단점인 셈이다.

충전하고 있거나 차를 주차하고 내렸는데, 전기차를 알아본 주변 사람들이 다가와서 자꾸 질문을 한다. 전기차 괜찮냐? 한 번 충전하면 얼마나 타냐? 충전하는 데 시간은 얼마나 걸리냐? 등등. 이렇게 받은 질문들은 보통 비슷비슷하기 일쑤인데, 누군가 독특한 질문을 한 적이 있었다.

"국가 보조금이 2천만 원인데, 그거 나중에 다 갚아야 하는 거 아니에요?"

정부에 대한 불신이 있는 사람일까? 어떻게 저런 생각을 할 수 있는 것인지 신기하기까지 했다. 아무튼 모르는 사람들이 자꾸 와서 물어보는 일이 있는데, 이것도 단점인지는 모르겠지만 당분간은 이런 장면을 언제든 만날 수 있다는 생각은 해야 하지 않을까 싶다.

장점은 어떤 게 있을까? 차를 사기 전부터 미리 알고 있던 장점 말고 직접 운행하면서 새롭게 느낀 장점이라면? 무소음 무매연이라고 하는데, 사실 차를 처음 받았을 때는 잘 느끼지 못했다. 그렇게 하루 이틀, 1주, 2주가 지나면서 적응이 되니 더 잘 몰랐는데, 어느 날 다른 사람이 운전하는 내연 기관차를 탔다가 많이 놀랐다. 이렇게 시끄러웠던가. 게다가 분명 차 밖에 배출구가 있는데도, 차 바닥에서 미세먼지와 매연이 조금씩 차 내부로 스며들어 오는 듯한 불쾌한 느낌도 들었다. 빨리 내리고 싶은 와중에 말수가 줄어들고 호흡도 얕아지는 듯한 기분이 드는 것은 어쩔 수 없었다. 그러고 보니 이런 현상은 전기차를 몰기 때문에 어쩔 수 없이 느끼게 되는 또 다른 단점인지도 모르겠다. 장점은 단점 속에 숨어있다는데 정말 공감이 가는 표현이다. 단점인지 장점인지 파악이 안 될 정도니……

아이오닉 일렉트릭의 완충 시 공식 주행 거리는 190킬로미터라고 나왔지만 이는 굉장히 보수적인 산출 결과였다. 80퍼센트 정도의 급속 충전만으로도 주행 거리는 200킬로미터라고 나오는 데다, 실제로 타 보니 230킬로미터는 거뜬했다. 아마 운전자의 운전 습관에 많이 좌우되는 듯한데, 내 습관이 상당히 친환경적이고 고효율적인 방식인 듯해서 뿌듯한 느낌마저 든다. 완속 충전기를 집에 설치해서 100퍼센트 완충해 보니 주행 거리는 240킬로미터라고 찍힌다. 실제로 운행해보니 270킬로미터는 충분히 갈 것 같다. 그야말로 초대박이다. 내연 기관 차를 몰 때도 대충 300킬로미터 정도마다 주유했던 것 같은데 말이다.

전기차의 장점 중 하나는 에너지를 계속 소모만 하는 것이 아니라 순간 충전을 하면서 소모도 한다는 점이다. 기름으로 나아가는 내연기관 차량이 내리막길을 갈 때에는 기름통의 기름이 늘어난다고 상상할 수 있을까? 절대 불가능하다. 그런데 전기차는 그게 가능한 기계다. 그러니 최대한 고효율적인 운전 습관만 가지면 그만큼의 경제적 혜택을 누리게 되는 부수적인 효과도 있지 않을까 한다. 참고로 전기차는 저속 운행이 연비가 훨씬 더 좋았다. 도심의 꼬리를 물고 물리는 체증 상태가 오히려 고연비로 가는 길이라고 한다. 진정 대도시에 맞는 자동차가 아닐까?

정부가 2017년 연말까지 전국의 전기 충전소를 2천 개까지 늘리겠다고 했다. 모든 고속도로의 휴게소마다 최소한 1기의 충전소를 설치하며 모든 시군구에 최소 1개 이상의 충전소를 설치하는 것도 끝낸다고 한다. 우리나라에 있는 주유소 개수는 대략 1만여 개라고 한다. 그런데 전기차 충전소가 2천 개라면 차량 대수에 비하면 엄청나게 높은 비율이 아닌가. 전국 지도를 보면서 충전소를 검색해 보니, 특별히 장거리를 갈 때에도 문제가 될 것 같지는 않아 보였다. 아직 기껏 70킬로미터 정도 떨어진 대구를 왕복한 것 외에는 더한 장거리를 가본 적이 없기는 하지만, 가더라도 뭐가 그리 힘들까 싶기도 했다. 천천히 여유롭게 움직이면 될 테니까.

한때는 이런 고민이 들기도 했다. 전기차는 분명 무소음 무매연의 친환경차이긴 한데, 전기차의 원료인 전기는 사실 화석 원료를 연소시켜 얻는 에너지이다(우리나라의 발전 설비 중 화력 발전의 비율은 70퍼센트 정도이다). 전기차를 타면 그만큼 화력 발전소를 많이 가동시켜야 하니 화석 연료를 때는 것은 내연 기관차를 타는 것이나 별반 차이가 없는 것은 아닐까?

그런데 결론적으로 그렇지는 않았다. EBS의 한 전기차 관련 다큐멘터리에서는 관련 전문가가 나와서 지금 있는 발전 설비만으로도 전기차를 200만 대까지는 운행하는 데 아무런 문제가 없다고 한다. 전기차 충전은 주로 밤에 완속 충전을 이용하는데, 밤이나 낮이나 발전소는 똑같이 돌아가며 전기 생산을 하는데, 소비는 밤보다 낮에 훨씬 더 많이 하니, 주로 야간 시간에 충전하는 전기차는 200만 대까지라도 충분히 현재 시설로도 운행이 가능하다는 뜻이기도 했다. 200만 대라, 2017년도까지 우리나라가 가진 전기차가 겨우 1만여 대라고 하니 이보다 200배 이상 시장이 커져도 괜찮다는 뜻. 우리나라 보유 차량의 10퍼센트가 전기차로 바뀌는 상황이리라.

지금까지 살아오면서 그동안 스스로 했던 결정들 중에서 가장 잘한 것들을 순위를 매긴다면, 분명히 전기차를 구매한 것이 랭킹 5위 안에는 들지 않을까 한다. 내년에는 아내를 설득해서 현재 있는 경유차도 처분하고 전기차 두 대를 굴리면 어떨까 하는 생각까지 하게 됐고, 이런 생각은 또 자연스럽게 2018년 정부의 전기차 보조금 총액과 새롭게 출시되는 다양한 전기차에 대한 정보에 귀를 쫑긋 세우게 하였다. 200킬로미터 정도를 달리는 아이오닉 일렉트릭도 충분하지만 기왕이면 한 번 충전에 500킬로미터 정도 달리는 전기차가 나온다면 더 환영할 테니 말이다. 2018년 상반기에는 코나 전기차가, 하반기에는 니로 전기차가 나온다고 하는데, 둘다 완충 시 380킬로미터 정도를 달린다고 한다. 그러나 내 경험상 이들의 실제 주행 거리는 500킬로미터는 충분히 육박할 것이다. 우리나라의 완충 시 주행 거리 표기는 무척 보수적이니까.

앞으로 나처럼 전기차를 사는 사람이 많아지면 세상은 어떻게 바뀔까? 5만 개라는 차량 부품이 1만 개의 전기차로 대체된다면 자동차 부품 회사의 70퍼센트가 부도 위기를 맞는 것은 아닐까? 이와는 상대적으로 사람들이 차를 굉장히 많이 타고 다닐 테니 특히 타이어 회사의 향후 전망은 훨씬 밝아질 테고, 이동비가 그다지 들지 않으니 기차 같은 대중 교통 수단도 점점 그 입지가 줄어들고, 싼 유지 비용에 외곽지로 나가는 사람들도 많아질 테니, 도심 공동 현상도 더 심해지겠지.

그렇지만 그런 것들을 다 떠나서 미세먼지 발생량이 줄어들고 그만큼 공기가 좀 더 깨끗해지고 또 소음이 줄어드는 도심이 생기기를 기대하게 된다. 깨끗한 환경을 보다 당당하게 물려줄 수 있도록 말이다. 전기차가 좀 더 많이 폭넓게 보급되었으면 좋겠다.

환자와 의사의 다른 관점

　PK실습 때였다. 보통 PK들은 종합병원의 다양하고 많은 과들을 돌면서 실습에 임하지만 종합병원을 떠나 다른 곳으로 색다른 실습을 할 때도 있는데, 그때 나의 실습하는 곳은 동네의 한 내과 개인병원이었다.

　의사들의 진로는 종합병원에 남아 의대 교수나 스텝의 위치에 서거나 혹은 자신의 개인 병원을 개원해 동네병원 원장으로 남는 크게 두 가지 경우가 있다. 각각 장단점이 있지만 그 특징을 열거해 본다면, 종합병원에 남는 의사라면 많은 책을 보고 또 자신의 논문을 쓰고 발표하며 환자를 돌보는 것을 좋아하는 학자 스타일의 의사들이 가면 좋은 곳이며, 이와 대조적으로 개인 병원을 경영하는 의사라면 학술과 논문보다는 자신의 생활과 경제 분야, 그리고 그 밖의 어떤 것에 좀 더 관심이 있는 의사들일 가능성이 높은 편이기도 하다.

그런데 내가 간 개인 병원의 원장님은 상당히 학술적인 면에 흥미가 높은 사람처럼 보였고, 그래서 PK실습하는 학생들을 자신의 병원으로 초대해 본인의 치료 스타일을 자신있게 공개하는 그런 분이었다.

의사가 된지 제법 많은 시간이 흐른 지금의 나로서는 다른 사람의 외래를 참관할 기회가 주어진다면 굉장히 좋은 기회라 여기고 무척 꼼꼼하고 진지하게 또 흥미진진하게 그 사람의 외래를 살펴보겠지만 당시의 나는 아직 철이 없었을까? 그다지 적극적이고 스마트한 학생은 아니었다. 그런 상황에서 10분, 20분도 아닌 오전 3시간과 오후 5시간, 하루 총 8시간의 외래 참관은 그리 쉬운 일만도 아닌 데다, 이 병원의 원장님은 나같은 PK생들에게 의자에 앉으라는 말도 없이 8시간 동안 계속 서서 자신의 진료를 보게끔 했는데 그것은 그리 유쾌하지도, 즐겁지도 않은 그야말로 대단한 힘든 상황이었다.

그런 상황 속에서 기억에 남는 어떤 환자가 있었는데, 20대 중반의 아주 젊은 여자 환자였다. 평소 속이 답답하고 소화가 잘 되지 않아서 이 병원에 와서 위내시경을 받았는데, 그 결과 위에 궤양이 살짝 발견이 되었고, 그것을 환자에게 설명해주는 때였다.

위궤양이 어떤 질환일까? 위장의 점막이 흡연, 스트레스, 약제, 헬리코박터균의 감염, 악성종양, 선천성 요인 등에 의해 손상되어 가장 표면에 있는 점막층보다 깊이 패이면서 점막근층 이상으로 손상이 진행된 상태를 위궤양이라고 한다. 다시 말해서 위 내부의 표면에 다양한 원인으로 인해 어느 정도 손상을 받은 상태를 궤양이라고 한다. 위는 입을 통해 수많은 음식이 들어가니 외부의 자극이 무척이나 잦은 곳이고 그렇게 손상을 입을 가능성이 상대적으로 큰 기관이기도 하다. 특히나 우리나라 사람들의 자극적인 식습관은 위궤양으로 이어질 가능성이 높아질 수밖에 없는 약간은 감기처럼 그런 일상적인 질환이기도 하다.

의사가 그 여자 환자에게 위궤양이 생겼다고 말했는데, 환자는 상당히 당황한 모양이었다. 궤양이라는 단어 자체가 처음 들어보는 것은 아니지만 특별히 익숙하지도 않은 상태이니 행여나 심각한 병은 아닌지 그렇게 생각하는 듯했다.

"그런데 제가 왜 거기 걸렸나요?"

"아…… 왜 위궤양에 걸렸냐고요. 야 PK, 니가 한번 대답해 줘라. 위궤양에 왜 걸렸냐?"

"아…… 네…… 실은 궤양에 걸리는 이유가 너무너무 많아서 뭐 때문에 걸렸다고 말씀드리기가 힘들 정도에요."

"그치? 그래. (환자를 향해) 들으셨죠?"

일주일 동안 그 병원에서 PK실습을 하면서 유일하게 환자에게 내가 직접 말했던 상황이었다. 그 당시 진료실에서 PK인 내 위치는 의사의 왼쪽 뒤편에서 서 있었기에, 항상 나는 원장님의 뒤통수만을 바라보며 별 관심없는 표정 일색이었으리라. 그렇게 친숙한 느낌마저 들게 해주던 그 원장님의 검은색 뒷통수가 갑자기 휙 돌아가며 흰색 바탕의 눈, 코, 입으로 변신한 채 뭔가 나를 향한 음성이 들려오는 그 상황은 그야말로 초비상이 아니었을까? 당연히 차분하고 상세한 설명과는 거리가 먼, 어쩔 수 없이 무척 짧은 한 두 마디가 튀어나올 수밖에 없었고 그렇게 환자 역시도 만족할 만한 답변을 듣지 못한 채 자리에서 일어서게 되지 않았을까 싶다.

그 여자 환자는 위궤양에 대한 사전 지식이 그리 높지 않았고, 그러다보니 아직 젊고 건강하다고 생각했던 자신이 왜 궤양에 걸렸는지 무척 궁금했을 거다. 본인이 뭔가 잘못해서 걸렸는지, 그렇다면 그런 습관을 고쳐나갈 용의도 틀림없이 있었으리라. 이렇게 환자들은 질병의 발병원인에 대해 무척이나 궁금해하는 경향이 있다. 크게 이상할 거리도 없고 오히려 자연스러운 현상이다.

그런데 의사들은 다르다. 지구상에는 10만여 가지의 질병이 있고, 그 중 의학 책에 그 이름이 조금이라도 소개되는 질병이 대략 만여 가지이며 그 중에서 치료방법이 약간이라도 나와있는 질병은 천여 가지, 그리고 원인이 밝혀진 질병이 100여 종이라는 말이 있다.

사실 원인을 제대로 아는 질병은 그다지 많이 없다. 그 흔한 고혈압 앞에 자주 붙어 쓰이는 단어 중 본태성이라는 말이 있는데, 이는 다름이 아닌 원인불명이라는 의미이다. 고혈압환자가 그렇게 많으니 이를 제대로 고쳐보기 위해 엄청난 비용과 시간과 인력과 장비를 투여했지만 여전히 잘 모르는 것이 고혈압이다(원인불명의 고혈압이라고 하면 너무 부끄러워서일까).

궤양이 생기는 원인이 위에서 쓴 것처럼 흡연, 스트레스, 약제, 감염, 종양, 선천적 요인이라는 것은 사실상 모든 병이 생기는 원인과 같다고 봐도 무방할 정도이기도 하다. 좀더 쉽게 말하면 궤양이 생기는 원인을 모른다고 하는 것이 더 나을지도 모르겠다. 농담을 좀 보태어서 감염경로가 어디인지, 이 병이 어디에서 생기는지 따위를 묻는 질문에 대한 정답은 항상 체내body라고 하는 것처럼 말이다. 그렇게 수많은 질병을 읽고 배우고 보고 경험하고 했지만 원인을 파악한 것은 극소수에 불과하니 의사들 입장에서는 왜 이 병이 생겼는지, 즉 원인을 밝히고 말하는 것이 점점 더 멀어져간다.

그렇지만 환자들은 다르다. 환자들이 생각하는 의사는 몸에 대해서, 약에 대해서 또 병에 대해서 누구보다도 잘 아는 전문가라는 인식이 틀림없이 있고, 그러니 뭐든 물으면 그 즉시 확실하고 정확하며 유용한 많은 정보들이 술술 나와 자신의 호기심을 단박에 채울 수 있을 것이라고 생각한다. 의사를 이렇게 깊게 신뢰하고 의존하는 환자들의 태도는 같은 의사의 입장에서 무척이나 감사하고 고마운 일이지만, 다른 한편으로는 굉장히 부담스럽고 그러기에 회피하고픈 심리도 틀림없이 있으리라.

현대자동차 의무실에서 일하면서 수많은 외래 환자들을 만났고, 그렇게 그들이 원하는 것들을 나름 열심히 설명하고 대답하고는 했다. 가끔 만족스러운 표정을 짓는 환자들도 있었지만 대부분은 그 의미를 파악하기 어려운 환자들이기도 하다.

이 둘 사이의 간격이 최대한 좁혀진다면 얼마나 좋을까? 의사는 환자가 가장 궁금해하는 것 위주로 설명하고, 환자도 의사가 가장 자신있어 하는 분야에 질문한다면 둘의 사이도 무척이나 좋아질 텐데.

그렇지만 환자보다도 의사들이 먼저 손을 내밀어야 하는 것이 맞다. 환자라는 것은 의사의 시각에서 바라본 사람일 뿐이다. 의사가 환자를 돌보는 직종을 뜻하는 만큼 환자도 환자 나름대로 자신의 직종에서 열심히 생활하고 활동하는 사람임에 틀림없으니 말이다.

현대자동차를 떠나며

2016년 4월 18일 첫 출근을 한 이래로 1년이 지난 2017년 4월 17일, 지난 1년을 한번 돌이켜 보았다. 감성에 젖은 채 먼 출근길을 아내의 반대도 마다하고 그렇게 첫 걸음을 디뎠는데, 365일이 지나 버렸다.

예전에 우연히 만화책 『미생』을 본 적이 있는데, 대기업 종합상사를 다니는 직원들의 직장생활을 그렇게 세밀하게 묘사하다니 깜짝 놀랐다. 그때까지만 해도, 과장이 차장보다 높은지 낮은지도 잘 몰랐던 나였는데, 나름 1년간 현대자동차에서 과장이라는 직책으로 대기업 밥을 먹어 보니 『미생』을 다시 한 번 보고 싶은 생각이 들기도 했다. 역시 사람은 아는 것만큼 보고 느끼고 생각하나 보다. 처음 볼 때는 모르고 지나쳤던 부분들이 이제는 상당히 많이 눈에 들어오니 말이다.

1년 만에 퇴사하게 되었지만 좋았던 일들이 참 많았다. 무더운 여름날 전기요금 부담없이 에어컨 잘 나오는 실내에 있다는 사실도 좋았지만, 2016년 한 해는 유난히 길었던 파업으로 환자들이 거의 없어 단지 자리 지키기 식으로 자유 시간을 보낼 수 있었던 날들이 종종 있었다. 하루에 환자 수가 10명도 안 되는 날들이 상당했는데, 부분 파업이 아닌 하루를 통째로 전면적으로 파업하는 노조들 덕분에, 환자를 전혀 보지 않았던 날도 있었다. 노사 대표가 서로 합의를 하고 이 합의안을 전체 노조에게 찬반 표결을 부치는 날은 아예 두 군데 의무실을 폐쇄하고 나 혼자서 그 안에서 편하고 한가롭게 시간을 보냈던 기억도 난다. 물론 가을철, 예방 접종을 시작하면서 여름 내내 보지 않았던 환자를 한꺼번에 왕창 보게 되기도 했지만 평균적으로도 한가롭고 여유로웠던 기억들이다.

가을과 겨울철에는 환자가 꽤 늘었다. 가끔씩 내 근무지인 의무실을 떠나 산업보건센터에서 진료를 볼 때에는 어마어마한 환자들 숫자에 지칠 정도로 힘든 적도 있었지만, 그래도 퇴근만 하면 100퍼센트 잊어버리고 편하게 쉴 수 있었다. 주말이나 휴가 때 환자와 관련해서 전화 올 일도 전혀 없었고 그때의 일에 완전 집중할 수 있었다. 예전 요양병원에서 근무할 때는 24시간, 주말이나, 휴가 할 것 없이 환자가 위독하거나 상태가 달라지면 종종 전화가 걸려오니, 항상 전화기에 신경을 두고 있을 수밖에 없어서 수영장이나 목욕탕에 갈 때는 그다지 마음이 편하지도 않았는데, 그렇게 전화기에 신경쓰지 않을 수도 있어 참 좋았다.

처음에 들어올 때는 1년 계약직 연봉제로 왔다. 월 급여가 일정하게 책정되어 있으니 당연히 정해진 금액만 받을 줄 알았는데, 생각지도 못했던 적지 않은 휴가비와 명절 보너스를 따로 받았을 때의 기분은 참 날아갈 듯했다. 그러고 보니 의사라는 직업의 특수성상 여태껏 휴가비나 명절 보너스를 따로 받은 경험은 난생 처음이 아니었을까.

하계 휴가 기간이 5일이라고 하길래, 당연히 주말까지 더해서 5일 쉬는 것이고, 이는 본인의 법정 휴가일 수에 포함되어 있을 거라고 생각했는데, 평일 쉬는 날이 5일이니 앞뒤 주말을 다 합치면 9일 연속 쉬는 휴가가 만들어졌다. 혹서기 때 아예 공장 문을 닫아버리고 다 같이 휴식하는 기간인 데다가, 이때는 법정 휴가일 속에 포함되어 있지도 않는, 말 그대로 보너스 휴무였으니 다른 곳에서는 전혀 상상할 수도 없는 특수한 복지였는데 그것도 참 좋았다.

매주 목요일마다 구내식당에서는 특식이 나오는데, 복날에는 아예 닭 반 마리가 통째로 나오는 등 굉장히 높은 질의 식사를 먹는 재미도 1년 내내 쏠쏠했다. 같이 떠들고 웃으면서 먹을 친한 동료가 있었다면 그야말로 금상첨화였겠지만 그래도 다른 어떤 곳에서의 점심 식사에 비해서 최상의 식자재를 쓴다는 느낌이었다.

가을에는 성과급으로 받은 현대자동차 주식 10주 덕분에 오랜만에 다시 직접 투자에 뛰어들게 되었고 13만 원 정도에 받은 주식이 한때 잠시나마 17만 원까지 치솟아 오르는 주가를 보며 짜릿함을 느끼기도 했다. 물론 그때 팔아치우지는 못했지만 그래도 받을 때 가격보다는 더 높은 가격에 팔아서 제법 많은 현금을 손에 쥐기도 했다. 역시나 주식은 그다지 가까이하기엔 너무나 먼 당신이라는 사실을 재확인하기도 했다.

　점심 시간은 정확히 1시간이었는데 그 시간만큼은 철저한 내 시간이었다. 뭘 하면서 보낼까 고민하다가, 취미로 하던 바이올린을 연습했는데, 그렇게 꾸준히 1년이 지나니 처음보다 실력이 상당히 향상된 느낌이다. 그걸 하지 않았다면 당연히 스마트폰이나 컴퓨터로 인터넷이나 드나들며 대충 빈둥거렸을 텐데, 그런 철저한 점심 휴식 시간을 보장해 주어 실력 향상에 도움을 준 현대자동차가 고맙기도 했다.

　그리고 현대자동차 울산 공장에서 교육과 특강을 하는 전담 직원들을 알게 되었다. 외부인이 아닌 같은 회사 사우의 자격으로 사내 특강에 관계되는 부처 사람들과 만나고 짧은 시간이나마 의견을 주고받았다는 사실 자체가 큰 성과였다. 예전부터 강의를 좋아하고 또 종종 했던 사람으로서 강의 자리를 찾는 것이 늘 가장 큰 과제였는데, 이렇게 확실한 수요처를 알게 되다니 말이다. 퇴사는 하겠지만 그래도 그렇게 알게 된 인연은 돈으로 바꿀 수 없는 큰 자산이 되어 준다. 훗날 현대자동차 직원들을 대상으로 강의를 자연스레 할 수도 있을 테니 말이다.

　마지막으로, 현대자동차를 다녀 보니 그동안 가까운 직장에서 편하게 생활했던 때의 장점과 고마움을 비로소 깨닫게 되었다. 출퇴근 시간이 5분, 10분씩밖에 되지 않는 가까운 거리에서 직장을 얻는다는 것, 사소하지만 바로 그 소소한 것이 굉장한 행복감을 준다는 사실을 그때는 전혀 모르고, 오히려 당연하게만 여겼었다. 왕복 두세 시간을 길에서, 운전대 앞에서 보내는 생활은 참 많은 것을 느끼게 해

주었다. 젊어서 고생은 돈까지 주고 살 만하다고 했을까? 예전에는 이 격언이 젊어서 열심히 살아야 말년이 편하다는 의미로 단순히 받아들였는데, 고생을 해 봐야 진정한 행복이 먼지 깨닫게 된다는 새로운 속뜻을 온몸으로 알게 되었다. 이게 좋은 점이라면 좋은 점인데, 아무튼 행복은 가까이 있다는 진리를 가르쳐준 크나큰 사건이 아닐까? 현대자동차가 내게 가르쳐 준 깨달음 말이다.

그렇게 현대자동차와의 1년간의 인연을 마무리하게 되었다. 의사로서 병원이 아닌 대기업이라는 특별한 직장에서 일하는 경험을 맛보게 해준 곳이고, 그만큼 강렬한 인상을 느끼게 해 주었다. 언젠가 다시 여기서 또 일하는 기회가 오려나? 미래를 어떻게 알 수 있을까? 그러니 더 궁금해지고 그래서 인생은 살맛나는 법이겠지?

현대자동차는 글로벌 탑 5 자동차 회사다. 현대자동차보다 앞서 있는 자동차 회사는 도요타와 폭스바겐, 포드, GM 정도인데, 이들을 모두 따돌리고, 명실공히 세계 최강, 최대 자동차 회사가 되었으면 참 좋겠다. 서울 삼성동 한전 부지에 100층 건물을 지어서 전세계 현대자동차의 심장과 같은 곳을 만들 계획을 가지고 있다던데, 정말 대단하다. 부지매입비에 10조 원이나 되는 돈을 들였으니 자동차 회사가 아니라 부동산 회사로 간판 바꾸라는 비아냥도 없지 않지만 그 큰돈이 해외로 빠져나가지 않은 것만으로도 다행이다. 게다가 그곳에서 꿈꾸는 호텔과 같은 서비스업과 국제 회의로 벌어들이는 마이스 산업은 엄청난 부가가치를 창출한다는 사실은 누구도 부정할 수 없는 진실이 아닌가? 전세계에 퍼져있는 그 수많은 현대자동차 관련 인력들을 한 곳으로 모으게 해주는 구심점 역할을 우리가 가지는 것은 당연하다. 이는 현대자동차뿐 아니라, 대한민국의 엄청난 브랜드로 작용하게 해 줄 것이다.

힘든 날도 없을 수 없다. 그렇지만 시련은 있어도 실패는 없으며, 또 시련을 이겨내야 더 튼튼해지는 법이다. 지금까지 잘 해왔듯이 앞으로도 계속해서 승승장구하길 기원한다. 회사와 국가는 물론, 그리고 그런 글로벌 기업을 가졌다는 자부심을 국민들에게도 변함없이 주면서 말이다. 세계적인 전자 회사 필립스와 완구 회사 레고를 보유한 네덜란드와 덴마크의 국격이 향상되고 그 이미지가 돈으로 바꿀 수 없을 만큼 좋아지듯이 현대자동차라는 엄청난 글로벌 자동차 회사를 가진 우리나라와 우리 국민들도 그 혜택을 조금이라도 더 보게 되었으면 하는 강한 바람이다.

현대자동차 직원이라는 인연은 이제 마무리 짓게 되었지만 한 발자국 뒤에서 항상 깊은 응원과 관심을 보낸다. 오늘보다 더 나은 내일을 꿈꾸며, 진정한 글로벌 제1의 자동차 회사가 되기를 진심으로, 그리고 간절히 바란다.

체불 임금 소송기

새로 지은 신설 병원에서 내 번호는 어떻게 알았는지 연락이 왔다.
"김민섭 선생님이세요? 아, 네, 안녕하세요. 선생님 명성 자자한 것 익히 잘 들어 알고 있습니다. 특히나 같이 일했던 간호사들이 선생님을 무척 추천해 주시더라고요. 여기는 얼마 전에 새로 지은 ○○병원인데요, 선생님 댁이랑 그리 멀지도 않고 한데, 우리랑 같이 일하는 거 어떠세요? 대우도 좋고 정말 최선을 다해서 잘해 드리겠습니다."
뻔한 소리지만, 이런 뻔한 소리에도 넘어가는 사람이 있기 때문에, 뻔한 소리도 할 필요가 있는 것 같다. 집에서도 훨씬 가깝고, 급여도 올려주는 데다, 내가 정말로 좋아하는 대학 강의도 무한정 보장해주고, 또 새 병원이니 시설도 깨끗하고 무엇보다도 나를 무척 원한다는 사실에 마음이 많이 끌렸다.
그렇게 새로 옮기게 된 새로운 병원.

처음에는 정말 좋았다. 출퇴근 시간도 훨씬 빨라졌고, 강의 가는 대학도 획기적으로 가까워졌다. 점심 시간에 잠깐씩 집에 가는 것도 예전에는 전혀 생각지도 못했는데 이제는 넉넉히 오갈 수 있었고, 나보다 10살이나 어린 팔등신의 동료 한의사 선생님도 있었는데, 같이 이야기하면서 시간 보내는 것도 나름 재미있었으니까.

옥의 티였을까? 티라고 하기엔 너무 큰 것은 아닌지.

병원 경영진들의 행태가 몹시 거슬렸다. 어느 날 출근해 보니 내 진료실의 침대와 냉장고가 사라졌는데 그 후로 영영 돌려주지 않는다든지, 심사 평가원에서 의무적으로 실시하는 인증이라는 것을 받는다고 챙겨 보라는 파일은 너무 많은데, 정작 아래아한글, MS오피스 같은 워드프로세서 프로그램은 깔아주지도 않고(하도 답답해서 내가 직접 얻어 와서 사용했다), 명함 좀 만들어 달라는 소리를 넉 달 동안 아홉 번 정도 반복하고서야 겨우 만들어준 데다, 의사 가운은 결국 안 만들고 넘어가 버렸다. 또 걸핏하면 청구 전담 직원이 들어와서 이래라 저래라, 환자가 타병원에서 받은 처방전 그대로 원내약으로 처방하는 작업을 너무 매너 없이 요구하거나, 원래 있던 의사를 내보내고 인건비 절약 차원에서 한의사로 대체하면서 내가 돌봐야 하는 환자가 갑작스레 두 배로 급증해 버리기도 했다.

이 정도는 사실 이해할 수도 있었지만 도저히 용서할 수 없는 것은 의사 고유의 진료권까지 침해한다는 것. 간호사 출신인 이사장의 부인은 마치 본인이 내 환자의 주치의인 양 내가 낸 처방이 사라지거나, 낸 적도 없는 처방이 있다거나 하는 일이 한두 번이 아니었다.

이것만큼은 도저히 그냥 넘어갈 수가 없어 불러다 차분하게 대화를 시도했다.

그런데 도대체 내 말은 다 끊어먹고, 자기 말만 하고 내가 말할 기회는 주지도 않은 채 자리를 떠나 버리는 전형적인 진상의 행태를 번번이 보여 주니, 도저히 대화가 되지 않는다고 판단, 이 병원을 떠나기로 결심하게 되었다.

사소한 것이기도 하지만, 명절 선물로 제법 묵직한 걸 주길래 받을 때는 기분이 좋았는데, 집에 가서 보니 멸치 세트, 그것도 곰팡이까지 덤으로 들어간 이상한 선물인 데다 명절 후에 이사장이 와서 한다는 소리는

"왜 세배하러 안 왔어요?"

나보다 기껏 15살 정도 많은데, 세배라니?

지금 다시 생각해도 휴…….

퇴사를 결정하고 나서 퇴직자용 원천징수 영수증에 찍힌 환급 세금을 달라고 했다(근로자로서 퇴직할 때에는 퇴직자용 원천징수 영수증을 받아야 하고 거기에 찍혀있는 환급액을 뜻하는 마이너스 금액을 받아서 퇴사해야 한다. 그런데 이를 모르는 근로자들도 많고 그래서 당연히 주지 않는 사용자들도 많은 것이 현실이기도 하다). 그런데 못 준단다.

그래 뭐, 어차피 말도 안 통할 거고, 정이 다 떨어진 이 사람들한테 화내고 언성 높이고 싶지도 않으니 그냥 가만히 있다가 퇴사했다.

그러고 정확히 2주 후, 노동청 홈페이지를 통해 진정서를 넣었다.

2주라는 기간은 퇴사 후 법적으로 지급해야 하는 모든 비용을 줘

야 하는 기간이기에, 2주는 참고 있다가 딱 2주째 되는 날 노동청 홈페이지에서 정식 민원을 작성해서 접수했다.

이것은 굉장히 쉬웠다. 그냥 인터넷으로 쓰기만 했는데 한두 시간 후에 문자가 오더니 민원이 접수되었고, 연달아 담당자라는 사람이 전화해서 이것저것 물어본다. 그러고 양쪽을 동시에 중재한다고 시간 잡아서 연락한다고. 그렇게 일주일 정도 흐른 후 약속이 잡혔다.

정말 재미있는 3자 대면이었다.

약속 시간에 가기 전, 내가 가지고 있는 근로계약서와, 그간 받았던 급여 통장 내역서를 챙겨서 갔다. 위성 지도로 노동청의 위치를 파악하고 이동했다. 건물은 오래 되었으면서도 낡아 보이지 않는, 제법 위풍당당한 모습이었지만, 노동자들의 인권을 대변한다는 사회주의 이념에 맞도록 지어졌다는 느낌에 참 기분이 색달랐다. 건물 자체가 붉은 벽돌로 지은 것도 우연이 아니지 않았을까 하는 생각이 들었다.

담당자를 만났다.

젊고 강단을 지닌 듯한 인상의 여자 직원에게 차근차근하게 이것저것 말했다.

내가 이 사람에게 화난 것도 아니고, 이 사람은 나를 도와주는 사람인 것을 잘 알고 있으니, 언성을 높일 필요는 전혀 없었기에 조심스레 말했다. 이게 당연한 건데 주변의 다른 급여 체불자들은 왜 노동청 직원들에게 소리 지르고 화를 내는지.

여기서 일하는 직원들도 워낙 그런 사람들 보는 게 일이 되어버리니 저절로라도 강단이 만들어지겠지. 그런 상황에서 나는 아주 점잖게, 조용히 차분하게 대했더니 그분도 내 쪽에 서서 좋게 말한다.

그런데 근로계약서를 보더니 인상이 찌푸려졌다. 병원 쪽에서 제출한 근로계약서와 다르다나? 뭔가 싶어 보니 병원에서 제출한 것은 내가 입사하자마자 작성한 계약서였다. 처음에는 실제보다 금액을 적게 써서 작성하고, 부족한 금액만큼은 현금으로 줬는데, 석 달 정도 지난 후에 실제 주는 만큼 계약서를 다시 쓰자고 한 거였다.

그때 병원 측 노무사가 도착했다.

노동청 담당자가 노무사를 보자

"당신 대체 뭐하는 사람이냐? 이거 한번 봐라. 이 계약서는 뭐냐? 이거 어떻게 설명할 거냐? 노무사가 맞기는 하냐? 무슨 일을 이따위로 하냐?"

진짜, 이렇게 퍼붓는다.

노무사, 50대 후반은 되어 보이는 민머리 양반이던데, 자기보다 훨씬 젊은 노동청 여직원에게 연신 머리를 굽신거리며 3월인데도 머리의 땀을 계속 닦는다.

재미있고 흐뭇한 광경이었다.

아, 세상에서 싸움 구경보다 더 재미있는 것은, 나를 대신해서 싸워주는 대타가 상대방을 연신 두들겨 패 줄 때구나. 그러고 보니 태어나서 그런 경험은 처음이 아닐까.

그렇게 무려 25분간, 노동청 담당자가 노무사를 공격하는 장면을 바로 앞에서, 편안하게 앉아서 하나도 빠짐없이 구경했다. 마침내 그 과정이 마무리되고 노무사는 돌아갔다. 자기는 어쨌든 회사 측 입장을 전해야 할 뿐이라는 발언을 끝으로.

담당자와 함께 서류를 꾸몄다. 퇴직 급여와, 원천징수 세금에 대한 환급금을 돌려받지 못했으니 돌려달라는 정식 서류. 담당자는 여전히 친절했다. 나에게 '상대방의 처벌을 원하시는지?' 하고 물었다. 까짓거 그냥 원한다고 했다. 징역 살 일은 전혀 아닐 테고, 기껏해 봤자 벌금 좀 받고 말 테니까.

그렇게 서류 작성을 끝냈다. 이제 돌아가도 좋다는 말에, 앞으로 일정이 어떻게 되냐고 물으니 연락이 갈 거라고 한다. 본인이 양측 입장을 중재할 거라고. 체불임금확인서를 떼달라고 했다. 그러자 그건 지금은 불가능하고 병원 측에 조사를 한 후 떼주겠단다. 체불임금확인서가 있어야 그걸 바탕으로 소액 소송하기가 쉽다는 걸 검색을 통해서 알고 있었기에 요구한 거였다.

노동청은 사실 중재 기관에 불과하니까, 강제적으로 집행할 권한은 전혀 없다. 아무리 노동청에서 병원에 돈 주라고 해도 직장에서 차일피일 미루면서 안 주면 무의미해진다. 그러면 소송으로 해결해야 하는데 소송의 가장 중요한 열쇠가 체불임금확인서이다. 담당자는 그 사실을 당연히 알고 있으니, 내가 체불임금확인서를 요구하는 말을 듣자 표정이 좀 굳어지는 모습이었다.

노동청에서 마무리될 거라고는 처음부터 생각하지도 않았고, 이런 일이 하루 이틀로 끝날 것이라고도 여기지 않은 데다, 최소 1년은 소요될 것이라는 각오로 임했기 때문에, 앞으로 남은 기나긴 여정들이 기대가 됐다.

시간이 흘러흘러 2주가 지난 후, 내가 먼저 노동청 담당자에게 전화를 했다. 병원 측 반응도 물어볼 겸, 그리고 체불임금확인서도 받을 겸. 언제나 그렇듯, 공무를 수행하는 담당자와의 통화는 그리 쉽지는 않다. 점심 시간을 착각한 것은 내 잘못이지만 잠깐 자리를 뜬 건지, 출장을 갔는지, 또 다른 통화를 하고 있으니 조금 후에 다시 전화해 보라는 등, 아무튼 연결 확률은 50퍼센트가 조금 안 되는 느낌이다. 그러니 반드시 담당자 이름을 정확히 알아 놓아야 한다는 사실은 이를 떠나 모든 행정 업무에 있어 필수라고 생각된다.

수차례 시도 끝에 힘들게 연결된 담당자의 말은,
"병원 쪽에서 어느 정도 퇴직금 지급 의사가 있다고 하는데, 피해자 쪽이 처벌을 원한다는 것은 어떡할까요? 제가 그냥 폐기할까요?"
무척 좋은 소식이긴 한데, 그래도 단박에 넘어가지는 않았다.
지난번에는 나를 위해 병원 측 노무사에게 소리까지 질러준 고마운 담당자였지만, 그래도 난 일반적 피해자인 노동자가 아닌 의사라는 전문직 근로자이고, 노동자들은 자본주의의 산물이고 부르주아의 대표격인 전문직을 그다지 좋아할 리도 없는 데다, 노동청에서 수십 년간 근무한 담당자 역시도 사회주의의 영향을 받지 않으려야 않을 수가 없으니, 과히 내 편이라고 하기도 힘들다는 생각이 스쳤다.
그래서일까? 이 사람이 병원 측과 밀실에서 뭔가 주고받지는 않았을까? 근거없는 음모까지 떠오른다.

"그렇다면 돈 들어오는 거 보고 폐기하든지 합시다."

"네, 그러세요. 뭐, 그럼 좀 기다려 봐야겠네요."

전화 통화는 오래하기 힘들다. 뭔가 쫓기는 듯한 기분이 항상 드니까. 이번에도 상대방의 전화 넘어서 다른 사람의 소리가 끊임없이 들리고, 다른 전화기가 울리는 소리까지 들리는 판국에 내가 묻고 싶은 것 다 물어볼 수도 없었다.

다시 일주일이 흘렀다.

혹시나 돈이 들어올까 했지만 아니나 다를까 잔고 액수는 항상 비슷하다. 정말 다행인 것은 입금시 문자 통보로 연결해놨기에, 그렇게 지루하게 기다리지 않았다는 거다. 만약 이게 없었다면 하루에도 수십 번씩 계좌 조회를 하지 않았을까? 생각만 해도 짜증이 밀려 온다.

다시 시도한 노동청 담당자와 통화에서 여전히 돈은 들어오지 않았고, 앞으로도 영영 들어오지 않을 테니 정식으로 진정을 내 달라고 요구했다. 그러고 보니 참 다행이다. 저번에 처벌을 원한다는 조항을 폐기하지 않았으니까. 담당자는 여전히 친절하게 그러겠다고 한다. 그리고 체불임금확인서를 등기로 보내줬다.

이런 일이 진행되는 와중에 나는 현대자동차 울산 공장에서 낸 구인 광고를 보고, 연락을 하고, 면접을 보고, 다음 주부터 정식으로 출근하라는 통보를 기쁜 마음으로 받았다.

대조적으로 노동청의 체불 임금 지급 요구를, 전 직장에서는 사뿐히 무시해 버렸다는 소식도 노동청으로부터 받게 되었다. 물론, 항상 그렇듯이 저 소식을 노동청이 먼저 알려주지는 않는다. 하늘은 스스로 돕는 자를 돕듯이 세상은 아무것도 하지 않는 사람에게 먼저 손을 내밀어 친절을 베풀지 않는 법이다. 어떤 것이든지 간에 무조건 스스로 생각하고 판단하고 행동해야 한다. 기다리고 또 기다리다 지쳐, 전화뿐인 노동청 담당자와의 연결을 이용해 현 상황을 물었다. 돌아온 답변이 속시원했으면 좋겠건만 현실은 그렇지는 않으니까. 나는 밀린 임금을 요구했고 병원에서는 못 준다고 맞섰는데, 노동청은 지급해주는 것이 맞다고 했으니까 내 손을 들어줬다. 그렇지만 노동청의 체불 임금 지급 요구에 대해서 병원은 무응답으로 맞서는 듯하다. 노동청 역시 강제로 뭔가를 해줄 수 있는 기관은 아니다 보니 여기까지가 한계인 듯 보였다.

이제부터는 실력 발휘가 필요할 때였다.

일하고 나서 이에 대한 권리인 임금을 받지 못하였을 때는 어떤 방법을 취해야 할까? 업주를 찾아가서 소리를 지르고 욕을 하고 폭력을 휘두르고 기물을 파손하고, 또 협박을 통해서 내 돈을 찾아야 할까? 그게 그리 좋은 방법은 되지 못하겠지만 상대방이 먼저 잘못한 것이니 그렇게 해도 되는 걸까?

당연히 아니다. 엄연히 법이 살아있는 우리나라이니(여기에 대해서는 다르게 생각하는 사람들도 있겠지만 아무튼 대한민국은 법치 국가다), 억울한 일을 당했을 때 폭력이 직업인 사람들을 불법으로 찾아 그들에게 의뢰해서 일을 해결하는 것 말고 다른 정상적인 방법이 있다.

체불 임금을 받는 방법에 대해서 검색을 했다. 여러 가지가 많았지만 이미 노동청은 해볼 만큼 해봤고 그 다음 단계는 지급명령을 신청하는 거란다. 법원에 가서 신청서를 작성하고, 인지대와 송달료를 납부하는 방법으로 말이다. 그런데 꼭 법원에 갈 필요도 없는 듯했다. 전자 소송이라는 것이 있으니 말이다.

그래, 이미 새 직장에 다니고 있는 상황에서 연차까지 내서 법원에 들락날락하느니 깔끔하게 인터넷으로 해결해 버리자. 그렇게 공인인증서로 로그인한 후 설치하라는 수많은 프로그램들을 깔고, 제법 많은 시간을 잡아먹은 끝에 처음 들어가 본 대법원 사이트에서 지급명령이라는 조항을 찾고 또 찾아 어찌어찌 신청을 했다. 가까운 신한은행에 가서 송달료와 인지대를 내라는데, 지도 검색으로 신한은행을 찾고 점심 시간을 이용해서 은행으로 갔다.

점심 시간은 60분, 되도록이면 그 시간을 넘기지 않아야겠지만 시간은 충분한 듯 보였다. 은행은 차로 고작 10분 거리였으니 말이다.

예상치 못한 상황이 이런 것이었을까? 은행까지는 10분이면 충분했지만 주차 자리가 없었다. 대로변에 불법 주차하기도 그렇고 주변에 다른 곳을 찾다 보니, 10분은 더 걸린 데다, 또 은행 안에서 기다리는 시간이 10분이 다시 소요됐다. 겨우 마주보게 된 은행 직원에게 법원 송달료와 인지대를 내려고 한다고 말하니, 처음 해보는 업무였는지 다른 직원에게로 넘긴다. 이런, 다시 5분 대기다.

밥도 못 먹고 나왔는데, 슬슬 배가 고프기 시작했다. 다시 만난 남자 직원, 이 직원 역시 버벅댄다. 법원 송달료와 인지대 업무는 전국의 어느 신한은행 지점에서도 가능하다지만, 사실 법원 안의 신한은행 출장소 직원이야 쉽게 되겠지만 한 번도 해본 적도 없는 타지점 직원들이 당황하기 일쑤겠지. 이해가 간다. 그렇지만 직원은 직원이고 나는 어떡하냐? 시간에 쫓기는 내 마음을 아는지 모르는지, 은행 직원은 자리를 비우고 사라졌다. 아마 딴 사람에게 물어보러 갔는데, 그 직원도 고객 응대 중이니 기다리고 있겠지.

예상보다 많은 시간이 초과되고 나서 수수료 납부를 마치고 영수증을 받아 다시 돌아온 직장. 시간을 간신히 지켰지만 받은 영수증을 우체국에서 법원으로 곧장 보내려고 했는데, 그 계획은 다음날로 미뤄지게 됐다. 그런데, 다음날은 토요일. 주5일제가 원망스러워진 건 아마 태어나서 그때가 처음이 아니었을까?

법원에서 연락이 온 것은 그로부터 일주일은 훌쩍 지난 어느 날이었다. 법원에서 보내는 서류는 무조건 본인만 받아야 한단다. 일반 등기 우편은 본인이 아닌 가족이나 이웃이 서명한 후 대리 수령도 가능하지만 법원은 무조건 본인만 수령이 가능했다. 담당 집배원에게 연락이 와서 받으라고 하는데, 직장에 있어 직접 수령은 곤란하다고 했더니 그럼 우체국으로 와서 직접 받으란다. 올 때는 꼭 신분증을 가지고 오란다.

뭔가 좋은 소식일까 해서 퇴근길에 급히 우체국으로 가서 법원에서 온 통지를 봤다. 그런데 그건 다른 게 아닌 보정 명령서였다.

내가 제출한 내용이 뭔가 틀리거나 문제가 있으니 수정해서 다시 제출하라는 보정 명령서. 참 허탈해졌지만 어쩌랴. 법에 대해 아는 거라고는 마치 초등학교 3학년 학생의 수학 실력 정도밖에는 안 될 텐데 말이다. 그나마 다행인 것은 며칠 후가 노동절이고, 그날 나는 쉬지만 법원은 쉬지 않는 날이라는 것을 알고 있으니 직접 법원으로 갈 자연스러운 기회가 생겼다는 것이다.

시간이 날 때마다 검색에 검색을, 또 무료 법률 상담을 받아 도움을 받기도 했다. 돈이 정말 많은 사람들은 이런 일들은 죄다 수행 비서를 통해 전담 변호사에게 맡겨버리겠지. 그럼 변호사가 익숙하고 능통한 능력을 이렇게 발휘해 버릴 테고, 결과도 쉽게 잘 나오겠지. 그런데 나는 그런 입장과는 전혀 거리가 머니까, 모든 걸 다 직접 내 손으로 해야 한다. 그래도 그게 그리 서글퍼지지는 않았다. 내가 직접 하니까 새로운 일, 새로운 분야에 조금이나마 더 익숙하게 될 테고, 비슷한 일이 반복된다면 처음보다 훨씬 쉽게 그 일을 해내버릴 수 있을 테니까. 더군다나 나는 새로운 일에 굉장한 호기심과 열정을 가진 호모 사피엔스니까 말이다.

그 날 당일 아침 일찍 법원으로 가서 민원실에서 보정 명령서를 보여주며 어떻게 수정해야 하는지 물었다. 직원이 나를 대뜸 보더니 한숨을 푹 쉰다. 수차례 느낀 것인데 법원 공무원은 참 불친절하다. 게다가 항상 인상이 그리 좋지 않다. 목소리도 피곤에 절은 짜증 섞인 말투. 법원이라는 특수한 환경이 직원들을 이렇게 만드는 것일까? 그래도 다행히 이 직원은 나보고 이런다. 대한법률공단에 가면 이거 무료로 작성해 주는데, 거기 도움을 받는 것은 어떠냐고.

대한법률공단이 어디에 있는지는 잘 안다. 그리고 무슨 일을 하는지도, 지난번에 경험이 한 번 있다. 그런데 거기서 무료 법률 상담을 받으려면 미리 예약을 해야 하는 걸로 알고 있는데, 지금 곧장 가도 되는 거냐고 물으니,

"가끔 예약하고 오시는 분들도 있던데, 그냥 가면 됩니다."

예약 문화가 아직 정착되지 않았구나. 아무런 사전 연락 없이 불시에 갔는데도, 대기 시간 없이 상담 받을 수 있었다. 체불 임금에 대한 지급명령서 보정 명령을 받고 수정하러 왔다고 하니, 일단 내가 낸 지급명령서를 취하하란다. 그리고 필요한 서류 목록들을 죽 불러주면서 떼어 가지고 오란다. 주민등록등본, 등기부등본 등 뽑아야 할 서류들이 10가지 정도나 됐다. 그걸 갖추고 다시 오면 자기들이 무료로 알아서 소송까지 해주겠단다.

서류 구하러 제법 먼 거리의 동사무소와 법원을 직접 걸어다닐 수도 없고, 차로 이동해 좁은 장소에 겨우 주차하고 그렇게 왔다갔다 할 생각을 하니 끔찍할 정도로 힘들다고 여겨졌지만, 어떡하랴? 자기들이 무료로 소송까지 해준다는데 말이다. 우선 법원으로 걸어가 등기부등본들을 뗐다. 법인 등기부등본, 병원 건물과 토지에 대한 등기부등본, 청구액을 지급해주는 건강보험공단에 대한 등기부등본 등 아마 압류에 필요한 서류들이라 생각되는 것들을 10여 통 남짓 떼어보니 수수료만 해도 1만 원이 훨씬 넘게 나왔다. 그리고 내가 이미 낸

지급명령서는 취하하고 차를 가지고 동사무소로 갔다. 마침 장날이라 차도 사람도 무척이나 붐비는 거리를 지나 겨우 주차에 성공하고 등본을 떼어서 법률공단으로 갔다.

거의 한 시간 정도 소요되었지만, 그래도 이제는 전문가가 직접 해 주는 서류를 받을 수 있는 데다, 비용은 전무한 공짜 법률 서비스라는 사실이 무척 좋았다.

너무 기대가 컸을까? 내 서류들을 받아들고 살펴보던 법률공단 담당자가

"그런데 1년 근무했는데 퇴직금이 이렇게나 많아요? 그럼 한 달 급여가……?"

대한법률공단에서 무료로 체불 임금 소송을 대행해주는 것은 월 급여 400만 원 이하 근로자만 가능하단다. 그런데 나는 이에 해당되지 않아 해줄 수가 없단다. 순간 밀려오는 짜증, 내 몸 속에는 그야말로 대용량의 스트레스 호르몬이 분비되는 듯 뇌하수체가 있는 머리와 부신피질이 위치한 양쪽 옆구리가 찌릿찌릿해 왔다(스트레스 호르몬은 머리에서 관장하고 부신피질에서 분비된다).

"아니, 그럼 왜 이 서류들은 뽑아오라고 한 거에요?"

"난 당연히 월 급여가 400만 원 미만인 줄 알고 해 주려고 했지."

반말 비슷하게 나온다. 내가 젊어 보였고, 그러니 급여도 400만 원 미만이라 여겨졌으니 한 실수라고 생각해 달라는 듯. 그렇지만 한 시간이나, 그리고 1만 원 이상 써버린 내 시간과 돈은 어떻게 보상하나? 인상은 저절로 찌푸려지고 깊은 한숨이 나왔고, 이를 의식한 상

대방이 이렇게 말한다.

"대신에 지급명령서 제가 직접 써 드릴게요."

"좀 전에 취하하라고 해서 취하했는데, 다시 신청하는 것은 가능해요?"

다행히 가능하단다. 그렇지만 저번 점심 시간에 그 고생을 해서 낸 인지대 송달료 작업을 다시 해야 하는 상황이었다. 어떡하나, 휴…….다시 써준다는 지급명령서 치르는 비용이라고 생각해야지.

20여 분을 기다린 끝에 대신 써준 지급명령서 소장을 받아들고 다시 법원으로 갔다. 사람 살아가는 일이 이렇겠지? 익숙한 곳보다는 모르는 분야가 훨씬 더 많을 테고, 그렇지만 몰라도 부딪혀야 할 때도 종종 있을 테고, 그렇게 조금씩 경험을 쌓아가면서, 소위 말하는 발전도 이루어지는 거겠지. 그래도 전문가가 써준 소장을 손에 쥐고 있으니 영 시간을 낭비한 것 같지는 않았다. 대한법률공단 사무실을 나갈 때는 나도 모르는 사이 고맙다는 인사도 했으니 말이다.

법원 민원실 직원이 내가 준 서류를 보더니 이번에는 제대로 쓴 것 같다며 지급명령서를 받아 줬다. 상대방이 의의 신청만 하지 않는다면 지급명령에 따라 체불 임금을 받을 수 있을 거라고 한다. 상대가 의의 신청만 하지 않는다면 말이다. 그렇게 마무리 짓게 될 거라고 순진하게 생각했다.

인터넷으로 나의 사건 검색을 이용하니 참 편리했다. 법원에서 날아오는 모든 문서는 도착하기까지 최소 이틀은 걸리는데, 인터넷이 내 사건을 검색하면 몇 시간 만에 상황을 알 수 있는 데다, 지금까지의 모든 소송 행적을 일목요연하게 나열해주기까지 하니 머릿속에 정리하기도 참 쉬웠다.

내가 제출한 지급명령에 법원은 당연히 지급하라고 병원 측에 통보했다. 그런데, 병원은 의의 신청을 한 모양이다. 전혀 낼 수 없다고 생각했을까?

지급명령에 대해 의의 신청을 하면 정식 소송으로 들어간다. 그럼 저번에 노동청 담당자에게 들은, 병원 측이 퇴직금 지급 의사가 있다는 것은 무슨 내용이었을까? 마음이 바뀐 걸까? 아니면 시간 끌기? 어쨌든 간에, 한번 끝까지 해보자 이건가 본데, 좋다 뭐. 나도 금방 끝나리라고 생각한 것도 아니니까.

법원에서 다시 뭔가 왔다. 정식 소송으로 들어가니 인지세, 송달료를 다시 납부해야 한단다. 벌써 인지세 송달료 납부하는 것도 세 번째이다. 이건 불과 몇만 원 정도 뿐이지만, 앞으로 재판을 하게 되니 이것보다 훨씬 더 많은 비용이 들어갈 수도 있겠지.

비용도 비용이지만 시간은 더 말할 것도 없다. 올해 3월 중순에 전 직장에서 퇴사했는데, 지금은 벌써 여름에 접어든다. 아직 한 게 거의 아무것도 없다시피 했는데 석 달이나 흘러가 버렸다. 게으름 피우지 않고 나름 열심히 한다고 했지만 경험 없고 조력자 없이 혈혈단신으로 뛰어든 중간 평가가 이 정도다. 앞으로 훨씬 더 많은 비용과 시간이 들겠지, 그렇지만 승소를 장담할 수만도 없는 법이고, 상대도 저만큼 자신있으니 이러는 거겠지.

살짝 마음이 약해지기도 했지만 그래도 마음을 또 한번 다잡았다. 처음에 시작할 때 1년은 걸릴 거라고 생각했잖아. 아직 반의 반 밖에 지나지 않았는데 뭘. 끝까지 해보자. 포기하지 말고.

정식 민사소송을 접수하고 연락이 올 때까지 기다렸다. 가만히 있으면서 기다리기에는 너무 지겨워 가끔 다른 곳에서 무료 법률 상담을 받아보기도 했는데, 특별히 도움이 되지는 않았지만, 체불 임금 만큼은 거의 승소할 수 있다는 격려를 받을 수 있었으니, 단지 자신을 위로해 주기 위해서 법률 상담을 받은 것은 아닐까 그런 생각이 들기도 했다. 사실 이건 외로운 싸움이었다. 나 혼자서도 충분히 할 수 있는 거라고 믿고 있지만, 그래도 익숙하지 않은 곳을 그것도 좋은 일도 아니고, 투명하지 않은 미래의 판결을 담보로 이러는 것이 사람을 참 의기소침하게 만들었다. 정말로 체불 임금이라도 안 받고 넘기는 것이 쿨한 것인지, 지금 내가 하는 행동이 찌질한 것인지 헷갈리기도 했다.

주변에 특별히 도와 줄 수 있는 사람도 없다. 경험이 있는 듯해 보이는 사람이 있어야 뭔가 좀 붙잡고 물어보기라도 할 텐데, 주변의 지인들에게 체불 임금 소송을 한다고 말하면 잘해보라고 하지만 속으로는 왠지 비웃는 듯한 느낌도 없지 않다. 그런 모든 일련의 과정들이 나를 참 쓸쓸하게 만든다. 그냥 다 때려치우고 포기해버리고 멀리 훌쩍 떠나 버리고 싶게 말이다.

내가 만약 이 송사를 무난히 잘 끝낸다면 처음부터 끝까지 그 일련의 과정들을 잘 정리해서 공개하리라, 훗날 나 같은 피해자가 도움이 되고 또 글로나마 위로가 될 수 있도록 말이다.

드디어 법원에서 통지서가 날아왔다. 소송 접수한 지 6주가 훨씬 지나 변론 기일이 잡혔고, 그날 몇 시까지 어디로 출석하라는 간단한 내용이 다였지만, 그래도 잊혀지지 않고 뭔가 진행되고 있다는 사실에 무척 안도감을 느꼈다. 우리 사회의 일부인지도 모르겠지만, 요청했는데, 그 일이 제대로 처리가 되는 건지 안 되는 건지 확인도 되지 않고 할 수도 없고, 그렇게 잊혀져 간 경험도 분명히 있다. 정말로 돈 없고 빽 없는 사람이 겪어야 하는 슬픈 현실인지.

하지만 다행히도 내게는 법원에서 정식으로 문서가 날아왔다. 누군지도 모르는 한 직원의 출석하라는 마치 보이스피싱 같은 전화 통화도 아니고, 정식 문서로 나오라는 내용이다. 언제 어디서 누가 보더라도 다른 해석이 있을 수가 없는 명확한 내용으로 말이다. 그것을 변론 기일이라고 칭하나 본데, 그렇게 나의 첫 공판이 시작되었다.

변론 기일은 오전 11시, 그날은 월차를 내서 하루를 아예 비워놓고 재판에만 집중하기로 했다. 어떤 준비물이 있어야 하는지 궁금했지만 통지서에는 별다른 내용은 없었다. 다른 곳에서 알아보니 기껏해야 신분증 정도만 지참하면 된다고 한다. 가서 어떤 말을 어떻게 할지 정리를 해봤다. 그럴 때는 말로 하는 것보다 글로 써서 틈틈이 읽고 빠진 내용을 보충하는 것이 훨씬 좋다. 그렇게 완성된 짧지 않은 내용을 읽고 외우면서 연습했다. 입고 갈 옷도 검색해 봤다. 공판

패션이라는 것이 있긴 한데, 하나 같이 정장에 바바리 코트 차림이다. 지금은 완전한 혹서기인데, 다들 공판은 한겨울에만 했을까? 도저히 저렇게 입을 수는 없지, 그럼 뭘 입어야 할까? 고민하다가 그냥 분위기만 좀 단정하게, 어두운 계통의 옷으로 골랐다. 운동화보다는 구두로, 검정색 계통의 상하의, 그리고 여러 서류를 들고 갈 작은 가방. 아무래도 깔끔하게 보여야 할 테니, 변론 기일에 맞춰 이발도 단정하게 하고, 그렇게 나의 생애 첫 번째 법정으로 들어갔다.

전에 송강호가 주연한 영화 〈변호인〉을 보고 나서, 실제 재판이 어떨까 하는 마음에 재판하는 광경을 한번 구경해 본 적이 있다. 방청객석은 텅텅 비었던 그때를 생각하며 이번에도 비슷하겠지 하는 생각이었는데 거의 꽉 차 있다. 빈자리를 겨우 하나 찾아서 앉은 다음에 휴대폰을 매너 모드로 바꾸고 내 차례를 기다렸다. 사람들은 그리 조용하게 기다리지는 않았다. 사실 공판을 참관하러 온 게 아니라 자기 재판을 기다리는 사람들이고, 다른 사람의 재판은 관심도 없으니, 분위기는 살짝 산만하게 느껴지기도 했다. 방청객들은 같이 온 사람들과 속닥속닥 이야기도 종종했는데, 그 모습이 거슬렸던지 중년의 남자 법원 직원이 가까이 다가가 조용히 하라고 제지하기도 했다.

재판은 딱 내 것만 하면 좋겠지만 현실은 그렇지 않으리라. 나는 그날 있는 100여 개의 사건 중 하나였고 담당 판사는 아마 매일 재판을 할 테니 최소한 수백 개의 사건을 동시에 다룰 테고, 나 역시도 그 중 하나일 뿐이었다. 사람들이 많아지고 세상이 복잡해지니 다툼도 많을 테지.

그런 쓸쓸한 생각 속에서, 별 생각없이 바라본 판사의 모습은 참으로 뜻밖이었다. 40대 후반 혹은 50대 초반의 근엄하고 똑똑하게 생긴, 잘 만든 판사봉을 두드리는 전형적인 판사의 이미지와는 참으로 달랐다. 내가 바라본 내 사건의 담당 판사는 30대 초반 정도의 젊고 게다가 굉장한 미모를 뽐내는, 흡사 전직 아나운서 최송현과 닮은꼴처럼 보이는 세련된 외양의 판사였다.

역시나 세상은 내가 생각한 대로 내가 짐작한 것과는 다른가 보다. 덕분에 지금까지 그렇게 많이 상상해왔던 공판 분위기와는 완전히 달라져 버렸는데, 그건 이 법정의 우두머리인 판사의 강렬한 분위기 때문이었다. 낭랑한 목소리, 선해 보이는 눈빛, 흰 피부. 대충 40명 이상의 사람들이 모여 있는 이 넓지 않은 법정 속에서, 거의 그녀의 원맨쇼를 하는 듯했다. 가장 많은 말을 하고 있었고, 모든 사람들이 그녀의 말을 경청했고, 수많은 사건들 진행도 모두 그녀가 알아서 했다.

"자 다음 사건, 사건번호 0000 원고측, 피고측 앞으로 나오시죠?"

드디어 내 사건이 시작되었다.

내가 이미 제출한 자료에는 노동청에서 만들어준 체불임금확인서가 첨부되어 있었다. 그리고 피고 측은 나랑 처음에 쓴 근로계약서를 첨부했는데, 사실 나와 피고 측이 쓴 근로계약서는 앞에서도 언급한 것처럼 두 종류다. 입사하자마자 쓴 근로계약서는 월 지급액을 실제보다 훨씬 더 적게 써놓았는데, 아마 그만큼 세금을 적게 내려는 의도로 생각했지만 그냥 도장은 찍었다. 몇 달간 그 근로계약서에 나오는 금액만큼만 월 급여로 계좌 이체로 받고, 나머지 금액은 현금으로 따로 받아오다가, 나중에 근로계약서를 다시 제대로 쓰고 월 급여로 전액을 다 계좌 이체로 받았다. 그렇게 같지만 다른 내용의 근로계약서가 두 장 있었는데, 피고 측은 제일 먼저 쓴 근로계약서를 내밀었다. 판사 입장에서는 양측의 월 급여액이 서로 다른 것에 의아해할 만했는데, 사실 여기에 대한 내 생각은 좀 안이한 편이었다.

어차피 노동청에서 발급해준 체불임금확인서에는 내가 요구한 퇴직금으로 기록되어 있으니, 체불임금확인서를 한 번이라도 봤다면 내 주장이 옳다고 여길 거라고 생각해버린 셈이다.

나의 첫 변론 시간은 불과 3분도 되지 않아 끝났다. 판사는 원고와 피고를 확인하고, 서로의 급여 내역이 다른 이유를 물어보더니 나에게 서류를 추가 제출하라고 한다. 그러고 약 한 달 정도 후에 다시 변론 기일을 잡을 테니 그때 보잔다.

이런이런, 법정에 들어가서 내 사건이 시작할 때까지 30분은 기다린 것 같은데, 시작하자마자 끝나버리다니. 게다가 내가 내야 할 서류만 더 생겼고 말이다. 추가 제출하라고 하는데, 어디에 뭘 제출해야 할까? 사실 좀 의아스러워 법원 1층 민원실로 들어가 아무나 붙잡고 물었다. 판사님이 추가로 제출하라고 하는데, 어디로 제출하냐고 하니, 그 직원은 자기한테 지금 내도 된다고 했다. 그래서 그 자리에서 준비해 간 두 번째 근로계약서 사본을 내밀었더니,

"그냥 이것만 내서는 곤란하고요, 내용도 같이 쓰셔야죠. 어떤 상황이고, 이 자료는 어떤 거고, 그래서 어떤 것을 주장한다, 일괄적으

로요."

 휴……. 일단 집에 가서 다시 한번 검색해 보고, 컴퓨터로 찬찬히 한번 써봐야겠다고 생각했다. 저번에 지급명령서도 법률구조공단에서 써준 것을 보니 생각보다 길게 쓰는 것 같았으니 나도 그렇게 약간 길게 쓰려면 워드프로세서 프로그램이 필요했다. 그래도 다행히 난 긴 글 쓰는 것에는 어느 정도 자신감이 있는 편이니까.

 의기소침한 기분으로 법원을 나와서 주차해 놓은 곳으로 걸어가는데, 문득 길 맞은 편에 법무사라는 간판들이 많이 눈에 띄었다. 법무사? 혹시 이런 답변서 대신 써주는 곳이 바로 법무사가 하는 일 아닌가? 곧장 문을 열고 들어갔다. 변호사 사무실은 보통 2층에 있는데, 법무사 사무실은 1층이 많은 이유도 재판 과정에서 흡사 동네 슈퍼 같은 기능을 하는 곳이 법무사가 아닐까 하는 생각도 살짝 들었다.

 나이 많고 살집이 있는 여직원이 나에게 눈길을 보냈다. 아무 말 없이 여긴 왜 왔냐는 표정으로 바라보는데, 내가 지금 소송 중이고 판사가 답변서를 요구를 하는데, 여기서 대리로 써 주냐고 내가 생각해도 참 간단명료하게 물어본 것 같았다. 그 짧은 말이 다 끝나지도 않았지만 다른 한 연세 지긋한, 동화「아기 돼지 삼형제」에 나오는 막내 돼지 같은 친근한 인상의 사무장 같은 분이 나를 자기 컴퓨터 앞으로 오라고 했다.

 소송의 상황과 판사의 답변서 요구를 알리니 본인이 직접 써주겠단다. 그 사람의 옆에 앉아 컴퓨터를 같이 봤다. 차근차근하게 상황을 쓰고 나한테 맞냐고 확인을 시켜줬다. 이런 임금 체불 소송은 100퍼센트 승소하고 또 돈도 받을 수 있으니 걱정 말라고 해준다. 기분이 참 좋아졌다. 더군다나 상대방은 법과 재판에 대해 어느 정도 경험이 녹아있는 듯 보이는 전문가였으니까.

살짝 물었다. 그런데, 체불임금확인서에 내용이 다 파악되는데도, 또 이렇게 답변서를 제출해야 하냐고……. 돌아온 대답이 상당히 인상적이다.

"네. 그렇게 해야 해요. 형사 사건이라면 (검사가) 다 알아서 해주지만, 이거는 민사 사건이니 판사는 중립만 지킬 뿐 모든 자료는 다 알아서 각자가 제출해야 해요."

아, 그렇구나. 피해자 입장에서 형사 사건에 연루되면 담당 검사가 국가가 주는 월급 받아먹으며 피해자에게는 비용을 요구하지 않고 알아서 다 서류 제출해 주고 재판을 진행하겠지만, 민사 사건은 말 그대로 백성들 간에 일어난 사건이니 제 팔 제가 흔들어야 하는구나.

새로운 사실을 머릿속에 새기며, 법무사 사무실에서 나섰다. 답변서는 법무사에서 알아서 법원에 제출할 테니 걱정 말란다. 답변서 대리로 써주며 비용을 지불했지만 그다지 그 돈이 아깝지 않았다. 다음에 이런 상황에서는 내가 직접 쓸 수 있겠다 생각도 되었고, 민사소송의 여러 특징을 속시원하게 알게 되었으니까 말이다.

4주 후 열린 두 번째 변론 기일.

이번에는 오후에 열렸다. 다행일까? 직장은 오전 근무만 하고 오후는 조퇴 처리를 하고 달려간 법정에는 저번에 봤던 그 높은 수준의 외모를 지닌 판사가 많은 사람들과 다양한 사건을 다루며 씨름하고 있었다. 문득 든 생각인데, 재판 일정이 참 길게 늘어져 있는데, 판사가 저렇게 젊고 예쁜 분이니 법정 출두에도 그만큼 부담이 적은 게 아닐까 했다. 훗날 내가 또 다른 송사에 휘말린다면 그때 판사는 어쩔 수 없지만 변호사만큼은 여자 변호사로 선임하는 것은 어떨까. 그나마 분위기를 약간이나마 밝게 끌고 갈 수 있지 않을까.

내 차례가 되어 판사가 원고와 피고를 부른다. 순간 상대방이 나오지 않으면 얼마나 좋을까? 그러면 피고가 자신의 주장을 포기한 걸로 간주되어 판사는 손쉽게 나의 승소를 인정한다고 들었으니.

그렇지만 저번에 이어 이번에도 지각도 하지 않고 나의 법정 상대방은 그 뚱뚱하고 심술궂은 마녀 같은 표정의 안면을 다시 한 번 드러냈다.

내가 원고 측 자리에 앉자마자 법원 여직원이 나에게 어떤 서류를 내밀면서 서명하라고 하는데, 나중에 보니 피고 측이 낸 반박 서류였다. 피고 측의 주장은 네트제로 계약했는데, 네트제에는 퇴직금이 월급에 포함되어 있으니 퇴직금 지급 의무가 없다는 주장이었다. 피고 측은, 의사를 비롯한 전문직에는 월 급여에 소득세와 4대 보험료를 뺀 실수령액으로 지급한다는 네트제가 만연해 있었는데, 그 네트제에는 퇴직금도 포함되어 있다는 주장을 펼치고 있었다.

그렇지만 나는 다르게 생각했다. 네트제에 퇴직금이 포함되어 있다면, 근로계약서에 퇴직금 지급하지 않는다는 내용을 삽입을 하든가, 그렇지 않으면 설명이라도 해야지, 전혀 그렇지 않았다. 게다가 내가 지금까지 일해 온 다른 병원에서는 퇴직금을 지급한 곳도 있었고 지급하지 않은 곳도 있었는데, 지급하지 않은 곳은 근로계약서에 퇴직금 지급하지 않는다는 내용이 명시되어 있었다. 그런데 이런 것들을 다 넘어서서, 이 피고 측 병원이 그동안 나에게 해온 그 다양한 부당한 언행들을 나도 더 이상 참아 넘기기가 어려웠기에, 퇴직자용 원천징수 영수증에 찍힌 원천징수 환급세액을 받으려고 하다 퇴직금까지 덤으로 받아야겠다는 법정 다툼이 시작된 것이긴 하다.

판사가 양측이 낸 서류를 보면서 이렇게 말했다.

"법리적 검토 작업이 좀 있어야겠어요. 한 번만 더 재판합시다."

두 번째 공판도 채 3분도 안 되어서 끝났다. 그렇지만 다음 번에는 아마 끝날 거라는 기대감을 갖게 해준 주연 배우의 마지막 대사 같은 느낌이었다.

2주 후에 조정일이 잡혔다.

나중에 안 사실이지만, 사회가 복잡하고 여러 다툼이 생겨, 법원이라는 중립적 입장의 똑똑한 제3자가 어느 한쪽이 옳다고 인정해주는 이런 사법 제도가 있지만, 사실상 애매모호한 경우가 훨씬 더 많은 게 현실이란다. 사건이 100개 정도 있으면 그 중 40개는 판사의 판결이 유효하지만, 나머지 60개는 어느 쪽도 뚜렷이 맞다는 것을 주장하기가 모호하니 그럴 때 조정이라는 제도를 통해서 상대가 서로 한 발짝씩 물러나게 해서 둘 다 합의하게 만드는 괜찮은 제도가 조정이다. 그리고 보니 황희 정승의 일화가 살짝 생각나긴 한다.

"너도 옳고, 너도 옳다."

"아니 그러시면 어떡합니까? 한쪽이 맞다고 해주셔야지요?"

"어허, 부인 당신 말도 옳소."

"우리 대감님은 바보인가봐."

"그래, 너 말도 옳다."

조정의 본 정신이 바로 이것이 아닐까? 그러고 보니 전화 법률 상담을 통해서도 내 소송에는 틀림없이 판사가 조정을 신청할 거라는 말을 들은 기억이 난다. 판사 입장에서는 조정으로 합의되는 것이 자신의 성과에도 영향을 미친단다.

그래서인지, 내 소송도 조정으로 넘어갔다.

이번에는 법정이 아닌 조정실, 처음 보는 60대 초반의 남자들 세 명이 서류를 들고 앉아 있었고, 나는 그들 앞에 앉아서 피고 측이 오기를 기다렸다. 이상하다. 그동안은 지각 한 번 안 하던 피고 측이 오늘은 왜 이리 늦을까? 좀 기다려 봤지만 결국 피고는 오지 않았다. 재판일에 출석하지 않으면 본인들이 포기하는 뜻으로 간주하고 판결을 내린다는데, 조정도 그러할까? 그건 아니었다. 조정에 참여하지 않으면 그냥 조정이 불성립되는 거나 마찬가지지 조정할 생각이 없으니 참여하지 않은 것뿐이기도 했다.

조정위원들이 이 상황을 옆방 법정에서 오늘도 열심히 사건들을 다루는 내 사건 담당 판사에게 알렸고, 판사가 나를 불러 이렇게 물었다.

"원고, 피고가 없는 자리니까 편하게 말씀해 보세요. 요구하신 금액에서 어느 정도를 받으면 좋겠어요?"

전혀 예상치 못한 질문에 순간 당황했지만 그래도 뜸들이지 않고 대답했다. 세상에 제일 예의없어 보이는 행동 중 하나가 질문을 뻔히 했는데 대답하지 않는 행위이기도 할 테니까. 간략한 내 대답을 들은 판사는 고개를 끄덕이면서 나를 똑바로 보며 말했다. 이 사건은 화해 권고로 돌릴 거라고. 양측에 본인이 제시한 금액을 알려서 의의 신청이 2주간 없다면 그걸로 판결하는 걸로, 내가 말한 금액을 최대한 반영해서 그렇게 결정하겠다고.

판사가 예뻐서일까? 분명히 중립적인 입장인 판사인데, 마치 내 편에 서 있는 듯한 착각이 든다. 오늘도 조정에 참여하려고 직장에서는 조퇴서를 내고 부랴부랴 달려왔는데, 상대가 오지 않아 조정이 불성립되고, 시간 낭비한 것 같은 느낌도 들지만, 그래도 피고가 없는 자리에서 나랑 판사랑 둘이서만 이 사건에 대해 의견을 나누고 조율했으니 큰 소득이 아닐까 하는 느낌이다. 그래 역시 공판이든 조정이든 출석은 해야겠지. 당연히 그래야 판결내리는 판사에게도 성실하고 착실한 이미지를 줄 수 있을 테고. 그렇다면, 이런 법정 다툼은 정말 시간과 돈이 많은 사람이 이길 수밖에 없나 보다.

조정 기일이 잡혔다는 통보서에는 내 사건 담당 판사 이름이 적혀 있었다. 얼굴은 참 예쁜 판사였지만 이름이 웃겼다. 이충남(가명)이란다. 강남스타일도 아니고.

다시 한 주일이 지났다.

뜨거운 여름도 이제는 지나가고 어느덧 완연한 수확의 계절에 접어들면서 법원에서 화해 통고서가 도착했다. 정말 연애 편지를 다루듯 조마조마, 두근거리는 마음으로 조심스레 봉투를 뜯고 내용을 확인했다. 판사는 내가 말한 금액을 어느 정도나 반영해줬을까? 결과적으로 판사가 제시한 화해 금액은 내가 지난주에 말했던 금액보다 많이 적었다. 행여나 내가 말한 것보다 더 높게 적혀져 있길 기대했는데, 사실 그건 가당치도 않은 생각이고, 그래도 총 금액의 70퍼센트 정도는 되는 듯 했다. 그러고 보니, 법정에서 내 사건 기다리면서 다른 체불 임금 소송 건의 경우에도 받아야 하는 금액의 60퍼센트선에서 합의하는 모습은 몇 번 본 것 같기도 했다.

그래도 난 근로자이고 피해자이고, 근로기준법상 완전히 나의 승소를 예상할 수 있을 텐데, 이거 화해 신청안 거부하고 정식 판결을 해달라고 할까? 화해 신청안은 2주간 의의 신청을 하지 않으면 그대로 통과된다고 하니 한 주 정도는 기다리면서 좀 더 곰곰이 생각해 보기로 했다.

의의 신청을 내면 혹시나 괘씸죄에 걸려 판사가 판결하는 데에 악영향을 미치지 않을까? 그렇지만 화해 신청안 금액보다는 더 받을 수 있겠지? 시간은 좀 더 걸리겠지만, 어차피 지금까지도 6개월은 더 지났는데, 앞으로 몇 번 더 한다 해도 큰 무리는 없을 텐데…….

그런데, 판결이 화해 신청안보다 더 적게 내릴 수도 있을 텐데, 그럼 어떡하지? 시간은 훨씬 더 걸릴 테고, 그때 가서 화해 신청안 받아들일 걸…… 하고 괜히 후회하는 건 아닐까? 잠시 생각을 접어두기 위해 우선 의의 신청하는 방법부터 알아봤다. 특별한 양식도 없고 단지 의의를 제기한다는 정도의 내용만 적어서 법원에 우편으로 보내도 된다고 한다. 그래? 그럼 진짜로 의의 신청 한번 해볼까?

갈피를 잘 잡지 못하고 혼란스럽게 흔들리던 나를 순식간에 해결해 준 일이 터져버렸는데, 그것은 판사의 화해 권고안을 피고 측에서 의의 신청을 해버렸다는 것이었다. 오 이런, 가려운 곳을 이렇게 시원하게 긁어주다니, 이러면 판사의 괘씸죄도 상대가 다 뒤집어쓰게 되고, 나는 그만큼 혜택을 보게 되겠지. 처음으로 피고 측 행동이 마음에 든 때였다. 그렇지만 또 한편으로는 이제 슬슬 송사가 마무리되려나 했지만 다시 처음부터 시작한다는 지루한 느낌도 스물스물 기어나왔다.

다음 변론 기일은 3주 후에 잡혔고, 나도 조금씩 직장에 눈치가 보이기 시작했다. 분명히 저번에는 마지막 법정 출두라고 한 거 같은데, 아직도 그 재판 안 끝났느냐는 상사의 핀잔과 잔소리를 들으며, 또 한 번 월차를 사용하며 마음을 다잡았다.

여기까지 와서 포기할 수는 없지. 암, 그렇고 말고.

모르는 번호로 전화가 걸려왔다. 휴대폰 번호는 아니니 차를 빼라거나 택배 왔다는 것은 아닐 텐데, 이건 대체 어딜까?

검찰청이란다. 검찰청은 보이스피싱 업체가 단골로 사칭하는 그런 국가 기관이 아닌가? 가볍게 끊으려고도 했는데, 이번에는 그런 수준 낮은 사기는 아니었다. 내가 노동청에 낸 체불 임금 진정이 검찰로 송치되어 정식으로 형사 고발 되었단다. 그러면서, 혹시 화해할 생각이 있는지, 화해일을 잡아야 하는데 언제가 좋으냐고 묻는다. 응? 화해라니? 민사도 아니고 형사에도 화해가 있나? 형사 사건에서 화해는 어떤 의미가 있느냐고 물어보니, 대답은 하는데 똑 부러지지는 않는다. 민사 화해 제도랑 어떤 점이 다르냐고 물으니 그 대답도 애매모호하다. 마지막으로 화해를 하면 피의자 측은 좋지만 피해자 측은 뭐가 좋으냐고 물으니, 그 대답은 아예 회피를 하듯 딴소리를 한다. 마치 좋은 게 좋은 거 아니겠냐? 뭐 그런 뜻처럼 들리기도 한다. 이건 틀림없이 피해자 쪽은 전혀 감안하지 않은 채, 피의자만 좋은 제도라는 확신이 들었다. 하나 더 덧붙이자면 자기들 일이 좀 줄어들 테니 검찰 쪽에서도 편해지겠지. 생각이 그런 쪽으로 미치자 도저히 승락할 수가 없었다.

거절했다. 화해하지 않겠다고, 이미 저쪽은 민사소송에서도 화해 조정일에 출석도 안 하고 있는데, 내가 한 번 속으면 됐지 두 번 속고 싶지는 않다고 했다. 그런데 형사 소송 담당자가 몹시 적극적이다. 상대가 확실히 나온다고 하면 나에게도 나올 거냐고 다시 묻는다. 내가 상대는 틀림없이 나오지 않을 거라고 했더니, 꼭 나온다고 했단다. 그럼 상대가 나온다고 했다가 안 나오면 어떤 불이익이 있느냐고 물으니 그건 또 없단다.

다시 거절했다. 이번에는 분명히 단호하게, 화해하지 않겠다고 하고 상대가 나온다고 해놓고 안 나왔을 경우를 대비해서 공탁금을 걸지 않는 한 나가지 않겠다고 하고는 전화를 끊었다. 전화를 끊고 곰곰이 생각해 보니, 노동청에서 체불임금확인서 작성 때, 상대방의 처벌을 원하느냐고 묻길래 별 생각 없이 원한다고 대답했던 것이 이건가 했다. 검색해 보니, 임금을 지급하지 않는 것도 형사 처벌 감이어서, 노동청에 신고가 들어오면 노동청은 자체적으로 조사를 하고, 그 조사 결과에 따라 검찰로 송치하고 검찰에서는 형사 고발을 한다고, 그렇게 이해가 되었다. 그런데, 노동청에서 검찰까지 송치하는 시간이 무려 6개월씩이나 걸린다는 것이 참 아쉬웠다.

이것도 좀 진작에 했으면 피고 측을 더 압박할 수 있었을 텐데 말이다. 하여간 형사 사건에는 화해하지 않겠다는 내 대답에 스스로 약간의 자부심마저 느꼈다.

시간이 꽤 지났다. 그 사이에 임금을 못 받아 본인도 소송했다는 한 다른 의사와 이야기할 기회가 잠깐 생겼는데, 그 의사의 말은, 새로운 직장에 나가는데, 계속해서 법원에 출두하기가 너무 부담스러워 그냥 취하해 주고 포기해 버렸다는 것이었다.

아, 상대가 노리는 게 혹시 이게 아닐까? 의사라는 전문 직종은 한 직장에서 해고되어도 다른 직장으로 곧 전직하게 되고, 그러면 새 직장에서 적응하고 눈치도 보고 그렇게 바쁘게 보내는데, 이렇게 체불 임금 소송으로 자주 법원에 불려다니는 것이 힘드니, 최대한 시간을 질질 끌면서 상대가 자포자기에 빠지는 것을 유도하는 걸까?

문득 예전에 봤던 TV 드라마 〈사랑과 전쟁〉에서, 본처와 내연녀 사이에서 갈팡질팡하던 남자 주인공에게 조언이랍시고 해주는 말이, 양쪽 중 어느 한쪽이 먼저 지쳐 나가떨어지는데, 그때까지 참고 기다려 보라는 극중 배우의 대사가 떠올랐다.

아, 자포자기라. 가장 경계해야 하는 거겠지. 역시나 적은 외부가 아니라 내부에 있다는 평범한 격언을 다시 한번 떠올리며 심신을 추스렸다. 힘내자, 마지막까지.

첫 변론 기일에는 옷에 이발에 신발에 말할 거리까지 종이에 써서 외우다시피 할 정도로 철저히 준비해 갔는데, 이제는 평소처럼, 입던 옷 입고, 신던 거 신고, 별 다른 생각 없이 그렇게 출석했다. 열정은 금방 식어버리고, 그렇게 일상으로 되돌아가는 게 인생이겠지. 다시 만난, 이제는 제법 익숙한 판사가 피고 측에게 왜 화해 신청안을 거부했냐고 묻는다. 웬만하면 그냥 받아들이란다. 피고 측 입장도 이해는 되지만, 근로기준법이라는 명백한 법 조항이 있고, 그것을 어긴 것은 피고 측이고, 이는 대법원 판례에서도 드러나는 거니 빼도박도 못한다고.

나는 여느 때처럼 다소곳이 앉아서 판사의 말을 경청했다. 특별히 반박할 것도 없고, 할 말도 없어 조용히 앉아있는데 피고가 갑자기 판사의 말을 가로채더니 이런다.

"저희는 소송에 지더라도, 채권추심명령 신청할 겁니다."

무슨 뜻인지 정확히는 잘 모르겠지만 아마 체불 임금 소송에 지더라도 체불 임금을 반환하지 않겠다고 법정 다툼을 이어가겠다는 소리로 들렸다. 순간 짜증도 짜증이지만, 전신의 오기가 생기는 듯한 느낌이었다. 그래? 좋다, 그럼 끝까지 해보자.

"그러면 피고, 이 사건 후에 또 송사에 휘말리고 그러지 말고, 이번에 확실하게 다 끝내 보도록 합시다. 피고가 주장하고 싶은 내용을 이 재판 과정 중에 다 제출해 보세요. 끝난 후에 또 뭔가 하려고 하면 양측이 너무 힘드니까요. 그러니 피고 다음 조정일에는 꼭 참석해 주시길 바랍니다."

난 분명히 느낄 수 있었다. 그 고운 판사의 말에 평소와는 뭔가 다른 힘이 들어가 있다는 사실을. 피고 측이 지금 병살타를 넘어서 삼중살을 친 게 아닌가? 이 재판 후에 또 소송을 제기한다고? 그건 지금 판사를 못 믿겠다는 뜻으로 비춰질 수도 있지 않은가?

이때에도 공판 시작 때쯤 법원 여직원이 나에게 뭔가 서류를 내밀고 서명을 받아갔는데, 나중에 집에 와서 보니 그 서류는 피고 측이 낸 답변서였다. 내가 요구한 금액 중 일부는 지불할 의향이 있다는 내용이었는데, 문제는 그 금액이 내가 요구한 총 금액의 20퍼센트 밖에 안 되었다. 말도 안 되는 소리라며 혼잣말로 일축했지만, 그래도 소송을 걸지 않았다면 상대는 한 푼도 내놓지 않았을 텐데, 어느 정도 진척이 있다는 생각에 기분이 좀 나아지기도 했다.

조정 기일은 다시 2주 후로 잡혔다. 이번에는 판사가 반드시 출석하라고 했으니 분명히 나오겠지. 그러면 난 뭐라고 할까? 조정위원들이 뭔가 제시해 주는 걸까? 그런데 이번에도 불성립될 테고, 판결로 넘어가겠지. 휴…….

조정 기일 전날, 검찰청으로 전화해서 형사 사건 현황을 물어봤다.

민사소송은 인터넷으로 자기 사건 검색을 편리하게 이용했지만 형사는 그렇지 않고 중간 과정을 알아보려면 전화로 할 수밖에 없단다. 대신 친절하게 잘 알려줄 테니 부담 갖지 말고 물어보라는 검찰청 민원 담당 직원의 말에 조정 기일 전날 한 번만 물어보고 조정일에 참고하려고 했다.

담당 검사님이 사건을 검토 중이란다. 검토가 끝나면 어떻게 되냐고 하니, 피의자들이 처벌을 받게 된다는데, 그게 언제인지는 잘 모르지만 앞으로 대강 한 달 안에는 끝날 거란다. 어떤 처벌이냐고 물으니, 벌금이라면서 웃는다. 잘 알겠다고 하고 전화를 끊었다. 끊자마자 살짝 후회감이 밀려오기도 했는데 대강 얼마나 벌금을 매기는지 물어보지 않은 것이 아쉬웠다. 하긴 물어도 잘 모른다고, 전혀 감잡을 수조차 없다고 대답했겠지, 뭐.

두 번째 조정 기일에는 피고 측도 보였다. 세 명의 조정위원들이 서류를 검토하더니, 조정에 동의하냐고 양측에게 물었다. 조정위원들 중 나와 비슷한 연배의 한 남자가 말을 상당히 적극적으로 했다. 이런 사건들을 워낙 많이 봤는데, 사실 네트제 하는 전문직들에게 퇴직금 지급 여부는 다툼이 많긴 하지만 어쩔 수 없이 지급해야 하는 것은 맞다. 그러면서 나보고 자리를 좀 피해달란다. 피고 측과 긴밀히 할 얘기가 있다고.

피해줄 수는 있지만 왜 저럴까? 의아스러웠지만 그래도 자리는 피해주기로 했다. 내가 없는 자리라면 내게 불리한 얘기보다는 유리한 얘기를 할 가능성이 더 클 테니까 말이다. 그런데 그 상황에서 피고가 조정위원의 말을 자르며 자신은 더 이상 이렇게 법원에 오고 싶지 않으니 그냥 합의하고 끝내자, 이렇게 강한 어조로 말했다.

그러고는 저번에 판사가 제시한 금액과 거의 비슷한 금액으로 합의하는 게 어떻겠냐는 조정위원의 말을 그대로 받아들이고 싶다고 했다.

어? 아니 갑자기 왜 저러지? 급물살을 타는 느낌이 들었다.

대신에 형사 사건 취하서를 나보고 작성해 달란다.

아하, 바로 이거였구나. 형사로도 넘어가면 거기서 제법 많은 벌금을 물게 될 테니, 차라리 민사를 빨리 끝내고, 형사 사건은 취하시키려고 저러는구나, 그제서야 이해가 됐다. 그렇지만 정신 바짝 차리자. 상대방의 농간에 넘어가지 말고, 이럴 때야 말로 확실하게 하자.

내 요구는 이랬다. 취하서 적어 줄 테니, 합의금을 먼저 달라, 합의금 받고 나면 취하서 적어 주겠다. 아니나 다를까 피고 측의 요구는 나와는 완전히 상반됐다. 취하서 적어 달라, 그러고 나면 합의금 입금해 주겠다.

이런 어려운 문제는 어떻게 해결할까? 조정위원들이 나섰다. 일단 내가 먼저 취하서를 적어 놓고, 본인들이 가지고 있다가 입금이 되면 그 취하서를 제출하겠다고. 그렇게 양측 다 합의가 되었고 나는 취하서를 작성했다. 너무 급하지는 않았을까? 무작정 적어 내려가지 않고, 살짝 뜸을 들였다.

"이 소송 끝나고 나면 다시 소송 거실 건가요?"

저번에 피고가 말한 채권추심명령이 문득 생각나 물었다. 피고가

멈칫하는 사이에 조정위원들이 말을 한다. 화해 조정을 하고 나면 양측 어느 쪽도 추가 소송은 못하게 되어 있단다. 그것까지 서명받는 것이 화해 조정이라고 한다. 그렇구나. 안심하고 다시 취하서를 끝까지 작성했다.

취하서는 이제 내 손을 떠났다. 딸 시집보내는 기분이 이런 걸까? 내가 지금 뭔가 잘못하는 것은 아닌지, 내 손을 떠난 후에는 후회 말고는 할 수 있는 것이 없을 텐데. 그렇지만 영원히 딸을 곁에 두고 노처녀로 둘 수는 없는 법, 사위가 마음에 들지 않더라도 받아들일 건 받아들이자. 조정위원도 믿어야지.

취하서 작성 후 조정위원들이 합의문을 썼고 그 내용이 맞냐고 양쪽에게 물었다. 내가 합의금 지급 시한을 오늘까지로 고쳐달라고 했다. 잠시 머뭇거리더니 고쳐줬다. 피고가 그러겠다고 했으니까 말이다. 그렇게 합의문을 가지고 다시 법정으로 들어갔다.

판사 앞에서 원고와 피고는 판사가 읽는 합의문을 들었다. 판사도 합의금을 주는 날짜가 오늘로 되어 있다면서 살짝 의아해했다. 오늘까지 지급하지 않는다면 내일부터 연이율 15퍼센트로 가산된다는 합의문. 역시 오늘까지 받기로 한 게 잘한 것 같은 느낌이다. 법정을 나서고 한 시간 정도 후에 그 조정위원에게서 전화가 왔다. 피고 측이 돈을 부쳤다는데 받았는지 확인 전화한 거란다. 입금되면 문자가 오는데, 확인해 보니 이미 와 있다. 금액도 맞았다.

다시 30분 후에 모르는 곳에서 전화가 왔다. 검찰청이라며 취하서 본인이 쓴 게 맞느냐고 묻는다. 맞다고 했더니 내용을 다시 확인시켜

준다. 그러고 취하하겠단다. 소송하는 데는 6개월 이상 잡아먹으면서 취하해 준다고 하니 30분 만에 처리해 버리다니, 참 허무하다.

이제 끝났나 보다.

노동청 진정, 지급명령서 신고, 민사소송, 세 번의 변론 기일, 두 번의 조정 끝에 내가 요구한 금액을 다 받아내지는 못했지만 그래도 양측의 비교적 원만한 조정으로 체불 퇴직금과 퇴직 시 원천징수 영수액에 찍힌 환급액을 거의 다 받아내게 되었다.

내가 정말 이 나라의 권력 순위 몇 번째에 속하는 그런 사람이라면 이따위 소송은 하루 이틀 만에 끝나는 걸까? 소송이 힘든 이유는 일상 생활을 하지 않을 수가 없는 일반인들이 자신의 생활과 동시에 법정 출두와 답변서 제출, 의의 신청 등 각종 익숙하지 않은 법률 용어가 넘쳐나는 법적인 제도 안에 들어가 장기간 싸워야 한다는 점 때문에서일 거다. 내가 했던 재판은 사건 번호가 '2016가소'로 시작했는데, 아마 '소'는 소액의 줄임말이 아닐까 짐작된다. 그래서 변호사 선임 없이 나 혼자서도 가능했던 재판이지 않았을까 싶은데, 큰 비용이 들어가는 재판이라면 당연히 좀 더 집중하기 위해서라도 나를 변호해주는 변호사 선임은 필수겠지.

인생을 살면서 송사에 휘말리지 않는 것이 제일 좋겠지만, 그래도 내 권리를 포기하면서까지, 더군다나 상대가 악덕 병원이라는 뻔한 사실에 송사를 피하는 것만이 대수가 아니라고도 생각한다.

짧지 않은 시간, 적지 않았던 스트레스를 이겨 가며, 끝까지 포기하지 않고, 마침내 싸워 이긴 나 자신에게 오늘 하루는 정말 큰 상 하나 주고 싶다.

빼놓지 말아야 할 성과가 하나 더 있었는데, 소송 전에는 전혀 몰랐던 조정위원이라는 사람들을 알게 되었다는 거다. 두 번째 조정 기일에 만난 내 또래의 조정위원을 보면서 나도 조정위원을 한번 해 볼 수 있지 않을까 생각했다. 사실 내가 잘하는 것 중 하나가 다른 사람의 이야기를 들어주고, 나름 객관적인 위치에 서서 조언을 해주는 것인데, 근 15년간 TV 드라마 〈사랑과 전쟁〉을 보면서 알게 모르게 가지게 된 상담자의 능력이 아닐까 생각하기도 한다. 아무튼 조정위원도 그런 나의 특성에 잘 맞다 생각되어, 내가 한번 조정위원을 해보면 어떨까 하는 생각이 들었다. 그렇게 법원 인사과에 질의를 하고, 연락처를 알게 된 또래 조정위원과 통화를 하게 되었다. 알고 봤더니 그분은 나와 동갑이었고, 또 내가 사는 동네가 바로 그 사람의 고향이라는 말도 들었다. 아마 내게 어느 정도 동질감을 가졌겠지. 조정위원들 중 자신의 나이가 가장 어리기 때문에 만약에 내가 조정위원을 한다면 대환영이라고까지 말해준다. 그리고 조정위원이 되는 형식적인 절차와 실질적인 방법도 귀띔해 주면서, 조정위원의 연간 활동량과 보수에 대해서도 알려줬다.

그와 만날 약속을 잡으며 전화를 끊었다. 임금 체불 소송이라는 적지 않은 사건을 시작하고 마무리하면서, 그전에는 생각도 못했던 법원 조정위원이라는 직책을 겸하는 내 모습을 상상하며 말이다. 일은 생각보다 잘 풀렸고 다음 해부터 나는 경주지방법원의 조정위원으로 활동하게 되었다. 조정위원을 맡으면서 여러 송사를 제3자 입장에서 바라보고 고민하고 재판 당사자들의 편에 서서 생각하면서 한 가지 느낀 점은, 재판이라는 절차가 그리 까다롭고 힘들고 난해하지만은 않다는 것이다. 처음 나의 체불 임금 소송은 그 결과가 무난히 잘 끝났음에도 불구하고 굉장히 많은 스트레스를 안겨주었지만, 첫경험이라는 미숙함에 기인한 것이 아니었을까 생각하기도 한다. 우리나라도 많은 방면에서 선진국 대열에 이미 올라섰고, 앞으로도 점점 더 많은 발전을 해나가는 그런 국가이기에 그만큼 우리 생활도 점점 더 복잡 다양해지고 치열해질 수밖에 없는 상황에서, 평생 재판이라는 사법적인 절차를 한두 번쯤 밟아보는 것도 크게 나쁘지 않은 일이 아닐까 하는 생각도 갖게 해주었다. 다른 사람과 다툼이 생겼을 때, 누가 옳은 것인지 사법 전문가들의 판단에 맡겨보자는 것이 재판인 셈이니 말이다. 물론 그 시간이 최소 수 개월은 걸리고 그만큼 사람이 지치고 힘들어질 수도 있지만 이는 거꾸로 말하면 오랜 시간 동안 차분하게 어떤 한 가지 문제를 생각하고 바라보게끔 해주는 순작용이 있기도 하니 말이다.

　　나의 체불임금이 소송으로 이어졌고 이를 계기로 조정위원 활동까지 함으로써 재판이라는 사법 절차에 대한 내 고정관념마저 바뀌게 되어 버렸다. 그 누가 이런 예상을 할 수 있었을까? 인생은 정말 한 치 앞도 내다볼 수 없는 깜깜한 동굴 속 같은 곳이지만 그렇기에 더욱더 즐거운 무대가 아닐까 한다.